Rocce Energetiche Oggi

- progettare l'armonia della Terra attraverso le composizioni di pietra

Alanna Moore

Python Press

Alanna Moore è autrice di:
Backyard Poultry–Naturally, 1998.
Stone Age Farming, 2001, seconda edizione 2013.
Divining Earth Spirit, 1994, seconda edizione 2004.
The Wisdom of Water, 2007.
Permacultura Sensitiva, 2009, traduzione italiana 2022.
Water Spirits of the World, 2012.
Touchstones for Today, 2013, traduzione italiana 2023.
Plant Spirit Gardener, 2016
Peasant in Paradise - four seasons eco-living, 2021.

Rocce energetiche oggi
- progettare l'armonia della Terra attraverso le composizioni di roccia

ISBN - 978-0-6452854-2-0

Copyright © Alanna Moore 2023.
Testo, design, grafica e foto di Alanna Moore.
Traduzione Andrea Donnoli e Valentina Ghione 2023.

Pubblicato da Python Press,
Irlanda e Australia
www.pythonpress.com
info@pythonpress.com

Tutti i diritti riservati. È vietata la riproduzione, la copia o la trasmissione di questa pubblicazione senza l'autorizzazione scritta dell'editore, in conformità con le disposizioni del CopyrightAct.

Grazie per l'aiuto a:
Peter Cowman, la Società britannica dei radiestesisti, la Società di Stoccolma dei radiestesisti, Tom Graves, Billy Gawn, David Cowan, Wojcech Pukarski, David Lockwood e Junitta Vallak.

Foto prima di copertina: Un altare in pietra a Co. Roscommon, in Irlanda, ben conservato tra le rovine di una vecchia chiesa.
Foto del frontespizio: L'autrice in un punto di "ingresso", davanti a un cerchio di pietre nel Co. Kerry; e foto alla quarta di copertina di Peter Cowman.

Contenuti

Introduzioni 5

Capitolo 1: Tradizioni antiche 7

Templi di pietra 8
Calendari di pietra 10
Accordi di pietra in Australia 13
Medicina del Nord America - Ruote 16
File di pietra 17
Pilastri e pietre di confine 18
Poteri sacri 22
Pietre del bacino 24
Altari di pietra 24
Pietre curative 27
Pietre della regalità 30
Pietre dello Spirito 32
Portali dello Spirito 34
Fiabesco 35
Cerchi danzanti 36
I rituali per le pietre 38

Capitolo 2: Pietre ed energie 41

Energie geologiche 42
Indagini scientifiche 45
Arte della radiestesia 45
Megaliti e acqua 47
Carica bioelettrica 50
Chakra di pietra 52
Linee geodetiche 53
Leys 54
Le energie del Dolmen 55
Energie del cerchio di pietra 57
Terreni di Bora in Australia 59
Templi del paesaggio 61

Capitolo 3: Megaliti e petroglifi 65

L'arte dei petroglifi 66
Le "rocce squillanti" d'America 67
Rituali rupestri degli aborigeni australiani 68
Petroglifi cosmologici 69
Petroglifi a coppa in Gran Bretagna 72
La rabdomanzia dei petroglifi 72

Capitolo 4: Creazione di composizioni di pietre 75

Riscoperta del cerchio di pietra 76
Piccoli cerchi per il giardino 77
Creare cerchi sacri 79
Mini cerchi di pietra 81
Monoliti da giardino 83
Realizzare ruote di medicina 86

Capitolo 5: Labirinti 88

Leggende dei Labirinti 89
Energie del labirinto 94
Creazione e utilizzo del labirinto 95
Rituali del labirinto 99

Capitolo 6: Lavorare con le pietre 103

Rocce energetiche 104
La radiestesia del corpo 107
Strumenti per la geomanzia 110
Medicina del cerchio di pietra 112
Effetti indesiderati 113
Guarigione dei siti 114
Rituali del cerchio di pietra 116
Siti sacri oggi 120

Riferimenti 123
Python Press libri 127
Risorse in Italia 128

Introduzione

I Menhir, i labirinti e i cerchi di pietra dell'antichità sono misteriosamente ancora presenti in varie parti del mondo, nonostante siano state sottoposte a distruzione sistematica. In qualche forma, spesso molto degradata, sono sopravvissuti nel corso dei millenni, e la loro presenza così duratura ha suscitato molte domande.

Come hanno fatto le persone ad erigere enormi monumenti megalitici, quando è difficile ancora oggi replicarli? Per quali scopi sono stati realizzati? Devono essere stati molto significativi, visto l'enorme sforzo necessario a crearli. La scienza e il folklore possono contribuire a fornire indizi. Ma è con l'esperienza personale sui siti e rilevandovi le energie che si può scoprire un'ulteriore meravigliosa dimensione.

Le persone sensibili trovano che determinate rocce, sia naturalmente, sia artificialmente disposte, fungono da trasmettitori di energie naturali benefiche, nonché da punti di ancoraggio per la forza e lo spirito della terra. Non sorprende che antiche tradizioni di guarigione, divinazione, esaudimento dei desideri e fertilità fossero associate a tali pietre e continuano ad essere utilizzate ancora oggi. Chiunque può potenzialmente sintonizzarsi con le rocce sacre attraverso l'antica arte della rabdomanzia (nota anche come divinazione), o di altre forme di sintonizzazione psichica. Può essere estremamente arricchente ed edificante farlo.

Foto: Rocce energetiche nel centro sacro di Castle Hill, un paesaggio di carsismo calcareo, nell'Isola del Sud della Nuova Zelanda.

Lo scopo di questa guida è quello di incoraggiare le persone a scoprire le energie magiche e trasformatrici associate a antichi siti megalitici e a moderne rocce del potere, e di lasciarsi ispirare per creare le proprie composizioni di rocce energetiche, come pietre miliari per l'interazione pura con la Terra Sacra.

Introduzione
di Andrea Donnoli, Maggio 2023

Da piccolo sono sempre stato affascinato dalle pietre e dai minerali, avevo la mia collezione privata, personale e spesso giravo con un piccolo martello da geologo, perché sognavo di trovare quarzi, diamanti e chissà quali altre rarità.

Negli anni mi sono occupato di ricerche energetiche e soprattutto frequentando i siti megalitici della Sardegna ho sentito il bisogno di studiare ed intervistare le persone del luogo. Recentemente abbiamo studiato il comportamento delle rocce rispetto alla luce, in particolare dei graniti, dei basalti e dei quarzi, per comprendere meglio come vibrano, come accumulano e come rilasciano, con il ritmo del sole, della luna e della terra queste frequenze.

All'interno di questo libro, che trovo veramente molto avvincente, ci sono parecchie conferme e punti di vista che condivido, proprio per questo amo lavorare e tradurre gli scritti di Alanna.

Ringrazio sempre Valentina Ghione per il grande supporto in questo percorso evolutivo e l'autrice, Alanna, che ci guida e ci porta in un

mondo sottile pieno di cose da scoprire, proprio come quando ero bambino e giravo con il mio piccolo martello da geologo.

Quindi benvenuti in questa nuova avventura… leggete, seguiteci, e vedrete le pietre, i menhir, i siti megalitici con una nuova angolazione, piena di energia vitale, colori e storie del passato, utili alla nostra evoluzione.

Andrea Donnoli,
Fondatore
www.elettro-coltura.com

Capitolo 1: Tradizioni antiche

Foto: Un cerchio di pietre in Cornovaglia, Inghilterra.

Templi di pietra

Menhir, cerchi di pietra e altre sistemazioni in pietra sono presenti in tutto il pianeta. In Gran Bretagna ci sono circa 900 cerchi di rocce che risalgono all'età dell'oro megalitica europea, intorno al 4.000 a.C. (cioè circa 6000 anni fa) fino al 1.500 a.C.. La tradizione di erigere templi e monumenti in pietra continuò altrove fino a molto tempo dopo.

La più alta concentrazione di megaliti al mondo si trova in Senegal/Gambia, in Africa, dove si trovano oltre 1.000 cerchi di pietre. Circa 29.000 cerchi in laterite ferrosa lavorata, che vanno da 1 m (1,1 yarde) a 2,5 m (2,7 yarde), si trovano in un'area di 100 km (65 miglia) per 350 km (218 miglia) e concentrata sul fiume Gambier. Nel 2006 è stata effettuata una selezione inserita nell'elenco dei Patrimoni dell'Umanità. Eretto in occasione di riti funerari intorno a 1.500 anni fa, oggi la popolazione locale ne ha scarsa conoscenza.

In Europa, gli antichi siti megalitici hanno generato molto fascino ma anche molta speculazione da parte di archeologi e antiquari degli ultimi secoli. E' solo negli ultimi cento anni circa che è emerso un apprezzamento globale di tali siti. Il folklore aiuta certamente a mantenerne viva la memoria e fornisce indizi intriganti su molti dei loro misteri.

Gli antichi megaliti sono stati eretti per molti scopi differenti e sono presenti in varie forme. Sono spesso di forma o colore naturale sorprendente e le loro qualità senza tempo e i loro poteri intrinseci devono aver affascinato i popoli neolitici. Il fatto che molti di essi fossero associati al ciclo agricolo dell'anno è suggerito da antichi racconti, come quello di Stonehenge in Gran Bretagna, che coinvolgevano fornai e pagnotte di pane. Le storie raccontano di persone che cercavano di contare le pietre ponendo i pani su ciascuno di essi, ma rimanendo confusi nel processo. Qui sussurra il ricordo sbiadito delle offerte votive che un tempo vi venivano fatte, come la tradizione della prima pagnotta offerta all'inizio del raccolto, il tempo di Lammas ("messa della pagnotta") all'inizio di agosto, quando inizia l'autunno settentrionale.

Nel circolo di pietre di Grange a Lough Gur, vicino a Limerick in

Irlanda, pietra principale, che rappresenta Crom Dubh, l'oscuro dio sotterraneo dell'agricoltura (nella foto), aveva leggendari poteri oracolari e ogni anno veniva adornato con offerte di fiori e frutta come ringraziamento per il buon raccolto. Sotto il cerchio del dio toro sono state trovate anche ossa di buoi uccisi in sacrificio e mangiati durante la festa di Samhain, all'inizio di novembre, quando inizia l'inverno.

Con la scomparsa della religione nativa della Terra, i grandi monumenti megalitici languirono, subendo secoli di distruzione su larga scala. In Gran Bretagna avrebbero potuto scomparire del tutto se non fosse stato per gli antiquari John Aubrey, alla fine del XVII secolo, e William Stukely all'inizio del XVIII secolo, che riscoprirono molti siti megalitici e li portarono a notorietà. Entrambi questi uomini erano massoni, che non dubito avessero una certa conoscenza dell'antica saggezza, compresa la geometria sacra, contenuta anche nei monumenti di pietra.

Per quanto riguarda le grandi pietre solitarie che i francesi (e gli italiani ndt) chiamano menhir, note anche come pietre-pilastro sono risultati a volte essere in realtà resti di cerchi di pietre distrutte. I cerchi di pietra sono a volte tutto ciò che rimane di una struttura megalitica a tumulo. Chiamata anche "tombe di passaggio" e "tumuli di passaggio", il Newgrange ne è un esempio ben noto.

Un dolmen è la camera centrale in pietra (vedi foto a pagina 60) che in origine era circondata da un cerchio di pietre, chiamate cordoli, che un tempo bordavano un massiccio cumulo di terra che ricopriva l'intera struttura.

I veri cerchi di pietre, Stonehenge e Avebury, nel Wiltshire (Regno Unito), sono i più importanti siti al mondo. Esempi ancora più grandi sono gli henges in pietra. I monoliti, costruiti con pietre massicce e originariamente anche con legno, erano racchiusi in enormi argini di terra e avevano uno o più ingressi. Gli henges non hanno fossati intorno, ma gli argini che le circondavano ed erano probabilmente più un'espressione di spiritualità che di difesa. Erano templi per celebrare i cicli di vita, morte e rinascita.

Foto: Un cordolo decorato presso il Knowth Passage Mound, vicino a Newgrange, in Irlanda.

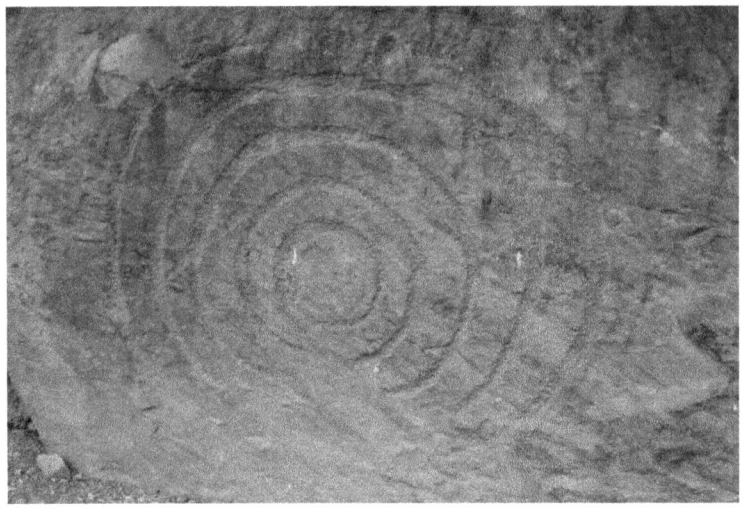

Calendari in pietra

Avebury è il più grande henge megalitico conosciuto in Europa. Risalente a circa 5.700 anni fa, un tempo era costituito da 600 enormi pietre erette, la più alta delle quali fin dai tempi antichi è chiamata l'Obelisco. All'interno del cerchio principale si trovavano un tempo due cerchi di pietra più piccoli, la cui tradizione vuole che siano dedicati al Sole e alla Luna. Oggi sono rimaste in piedi solo 76 delle pietre di Avebury, in seguito alla distruzione di massa, soprattutto negli ultimi millenni, ma la struttura nel complesso è ancora impressionante. Negli anni '30 è stata effettuata una certa ricostruzione delle pietre cadute di Avebury, con un'accuratezza discutibile.

All'inizio del XX secolo, l'eminente astronomo Sir Norman Lockyer ha studiato intensamente i cerchi di pietre britannici alla ricerca di indizi sulla loro funzione di osservatori astronomici. Ha così scoperto il loro posizionamento secondo particolari allineamenti cosmici e spesso allineati con elementi paesaggistici di rilievo e altri marcatori visibili nelle vicinanze. La funzione era probabilmente osservare i movimenti del Sole, della Luna e di altri corpi celesti. I cerchi di pietre potevano quindi essere utilizzati come calendari, che preannunciano i tempi per i lavori agricoli stagionali e per i riti sacri. Anche se il suo lavoro ha richiesto molto tempo per essere accettato, Lockyer è ora apprezzato come padre dell'astro-archeologia.

L'establishment scientifico dell'epoca era fortemente contrastato da queste nozioni, in quanto si presumeva generalmente che le popolazioni neolitiche fossero brutali e senza cervello. La scienza era allibita da questo nuovo paradigma e l'idea che i templi di pietra incarnassero un'incredibile conoscenza astronomica era quasi un'ingiuria. Era impensabile che molti monumenti megalitici avessero comportato imprese ingegneristiche impressionanti e una conoscenza della geometria pitagorica già mille anni prima dell'epoca di Pitagora. Era più facile ignorare la l'intera questione!

Stonehenge è stato uno dei primi siti a veder svelati alcuni dei suoi segreti. Con circa 4.000 anni di età (l'ultima fase di costruzione si è conclusa intorno al 1.600 a.C.), è il più amato dei monumenti di pietra britannici. Stonehenge presenta anche gli allineamenti astronomici più evidenti, ha scoperto Lockyer. Oggi è risaputo che intorno al 21 giugno il Sole di mezza estate si innalza lungo la linea di un asse che si estende lungo il viale di pietra a Stonehenge, con il sole di mezz'inverno che tramonta esattamente all'opposto. Verso il 21 dicembre entrambi gli eventi possono essere visualizzati dal centro del cerchio attraverso stretti portali di pietra. (Questo era già stato rivelato da John Aubrey). Inoltre altre due pietre sono state posizionate per segnare il tramonto del Primo

Maggio e l'alba del 1° novembre. Come in altri siti megalitici studiati, Lockyer ha notato che i siti megalitici (o le parti più antiche dei siti) erano in grado di segnalare - con allineamenti alla posizione solare - le date delle feste e i solstizi d'estate e d'inverno che annunciavano le nuove stagioni. Queste date erano all'inizio di febbraio, maggio, agosto e novembre, ed erano considerati punti temporali molto importanti, simili a portali con profondo significato mistico. Ad esempio il Lough Gur's Grange Circle ha un allineamento del viale in pietra con la festa di Lughnasadh/Lammas, all'inizio di agosto, e a Samhain, all'inizio di novembre.

Lockyer ha rilevato che nei siti più recenti e nelle ricostruzioni successive di siti già esistenti, l'obiettivo nella costruzione è stato attribuito al solstizio solare. Questo potrebbe indicare il passaggio da una religione pagana più basata sulla Terra a una religione più "solare" verso la dimensione di supremazia della parte divina. Probabilmente significavo in questo senso è il riconoscimento presso i Celti del grande dio del sole Lugh, con un'ondata di immigrati celtici in arrivo dal continente. Prima di quei tempi, le dee governavano insieme a divinità e la fecondità della Terra era riconosciuta come assolutamente fondamentale per la vita, con le forze del mondo sotterraneo ritenute preminenti rispetto a quelle aeree e celesti.

Ci sono voluti circa sei decenni dopo Lockyer prima che l'astro-archeologia iniziasse a essere riconosciuta dal pensiero scientifico ortodosso. Il Professore americano di astronomia Gerald Hawkins ha pubblicato i suoi studi su Stonehenge sulla prestigiosa rivista Nature nel 1963. Hawkins ha parlato dell'esistenza delle numerose linee e allineamenti di pietre che indicano gli azimut solari e lunari. Egli ha dedotto che le 56 fosse di Aubrey che circondano l'intero complesso megalitico erano state concepite per segnare i 56 anni necessari alla luna per completare il suo ciclo di eclissi, con tre rivoluzioni nodali di 18,61 giri ciascuna.

Le fosse di Aubrey potrebbero quindi essere utilizzate per prevedere le eclissi lunari poiché questi eventi possono influenzare e coincidere con il verificarsi di terremoti, eruzione di vulcani, alte maree e condizioni meteorologiche sfavorevoli. Questi periodi non sono inoltre favorevoli al trapianto di piantine o alla semina quindi prevedere tali periodi è di aiuto per la coltivazione e per le attività umane in generale.

Foto: Un raro esempio di piccolo cerchio di pietre, situato nei pressi di Sydney, ritenuto un sito rituale un tempo utilizzato per l'iniziazione degli uomini aborigeni australiani.

Composizioni in pietra in Australia

Gli aborigeni australiani che vivevano in zone rocciose spesso scavavano nella roccia. La scultura della pietra fu la principale forma di "arte" nello stato del Victoria. Si ritiene che la più grande concentrazione di menhir eretti in Australia si trovi a Murujuga, nota anche come penisola di Burrup, nella regione di Victoria sulla costa settentrionale dell'Australia Occidentale, che comprende alte pietre erette simili ai menhir europei, così come le disposizioni circolari delle pietre.

Oggi è noto che gli antichi siti megalitici in Europa e altrove fossero luoghi di osservazione cosmica, ma l'idea che anche gli aborigeni australiani allineassero le loro composizioni in pietra con i corpi cosmici era sconosciuta fino agli ultimi decenni. Nel 2009 Ray Norris, un astrofisico britannico che lavora per il CSIRO (l'ente nazionale scientifico australiano), è riuscito a confermare che Wurdi Youang, un cerchio di pietre aborigene di Wathaurong, unico nel Victoria, è molto probabilmente una disposizione di pietre intenzionalmente progettata per indicare la posizione del sole al solstizio e all'equinozio, proprio come originariamente proposto dall'astro-archeologo John Morieson.

Il sito si trova in una pianura basaltica ondulata a nord delle colline YouYang, vicino alla città di Little River. Il sito è costituito da un'area di 50 metri di diametro con disposizione ovale delle rocce, il cui asse maggiore è allineato quasi esattamente in direzione est-ovest. E' costituito da circa 100 blocchi di basalto, che pesano in media 90 kg (200 lb) e uno addirittura circa 500 kg (mezza tonnellata); il più alto si eleva di 75 cm (2,5 piedi) dal suolo. Alcune rocce sono appoggiate al suolo ma la maggior parte di essi è saldamente interrata, mentre 22 presentano cunei di roccia inseriti sotto di essi per dare stabilità. Dev'esser stato davvero uno sforzo notevole muovere in totale circa 23 tonnellate di roccia posizionate in un sito in pendenza di 3 m (3,2 iarde) verso il Little River.

Nelle vicinanze, su un promontorio che sovrasta la valle del fiume, sono state rinvenute evidenti testimonianze dell'occupazione degli Wathaurong. Nelle vicinanze, nei pressi del fiume, sono state rinvenute trappole per pesci in pietra, il che fa pensare a un luogo di abbondanza alimentare, perfetto per i raduni. Prima della pubblicazione di un articolo sul "Records of the Victorian Archeological Survey" nel mese di giugno 1980, il sito era praticamente sconosciuto.

I calendari aborigeni erano spesso piuttosto complessi e prevedevano fino a sei stagioni. L'apparizione di alcune stelle indicava l'inizio di nuove stagioni. Per esempio Norris riporta che: "Il popolo Pitjantjatjara dice che il sorgere delle Pleiadi nel cielo dell'alba di maggio annuncia l'inizio dell'inverno".

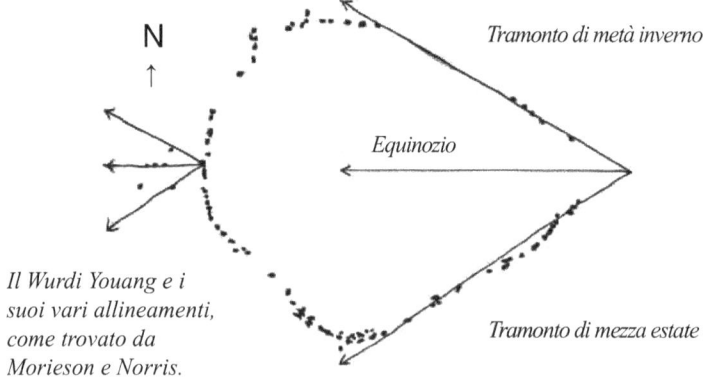

Il Wurdi Youang e i suoi vari allineamenti, come trovato da Morieson e Norris.

Norris ritiene che gli abitanti di questo luogo fossero attenti osservatori delle giornate più lunghe e più corte dell'anno, dei punti mediani dell'equinozio, per pianificare i loro spostamenti stagionali sul territorio. Secondo Norris la presenza aborigena in questa regione risale ad almeno 27.000 anni fa. Morieson (2003) ha ipotizzato che tre piccole pietre periferiche (dette 'outlier') segnassero la posizione del Sole al tramonto, ai solstizi e agli equinozi se viste da tre pietre molto prominenti all'apice occidentale Norris ha dichiarato: "Abbiamo dimostrato che l'ipotesi di Morieson è valida in quanto gli azimut sopra gli outlier indicano effettivamente la posizione del Sole che tramonta agli equinozi e ai solstizi, e che la probabilità che la posizione sia stata scelta a caso è bassa (circa lo 0,25%). Inoltre, abbiamo scoperto che i lati dritti indicano anche la posizione dei solstizi, mentre le tre pietre prominenti all'apice occidentale segnano il punto in cui il Sole tramonta all'equinozio. Possiamo quindi affermare con discreta sicurezza che questi allineamenti erano intenzionali".

Morieson ritiene inoltre che la forma/linea di Wurdi Youang sia probabilmente quella di una conchiglia di abalone e simboleggia i genitali femminili. "Per me è ovviamente un luogo da sogno", ha detto. Il sito si trova a Wathaurong in un terreno della Co-Operative e un giorno potrebbe diventare disponibile per l'apertura al pubblico.

Foto: Un paio di piccoli cerchi di pietre aborigeni nel nord del NSW, ora trasferita a Heritage Park, Mullumbimby.

Ruote di medicina nordamericane

Una variante del cerchio di pietre è la ruota della medicina, sacra per i nativi Americani. Un buon esempio, il più noto, è la Ruota Medicina del Big Horn, situata vicino a Sheridan, nel nord del Wyoming (come nell'illustrazione). Questa struttura in pietra, simile a una ragnatela, si trova in alto sulla cima della sacra montagna Medicina, una delle montagne Big Horn Mountains. È costituita da un cerchio imperfetto di grandi massi con un diametro di circa 25 metri. C'è un masso centrale di 3,6 m di diametro e 60 cm di altezza, da cui si dipartono 28 "raggi" - linee di pietre più piccole disposte in modo irregolare - fino alla circonferenza della ruota. Intorno al cerchio si trovano sei tumuli di pietra disposti a intervalli irregolari.

Il significato dei 28 raggi rende omaggio al mese lunare di 28 giorni. Allo stesso modo i Sioux nella costruzione dei teepee hanno utilizzato 28 tronchi di legno nelle Medicine Lodges degli Oglala.
Gli studi astro-archeologici sugli allineamenti rilevano che i raggi sono orientati verso l'alba e il tramonto del solstizio d'estate, che sono momenti particolari per i rituali di mezza estate per le popolazioni tribali locali e sono il momento della Danza del Sole.

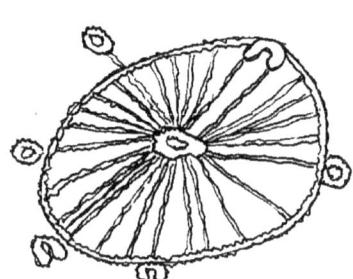

Ci sono poi altri allineamenti, come quello che va dai tumuli ai punti più importanti della città lungo l'orizzonte circostante, verso le stelle Aldebaran, Rigel e Sirio, il cui sorgere annunciava i giorni di festa. Curiosamente, queste stelle sorgono eliacamente a 28 giorni di distanza l'una dall'altra, con Aldebaran che segna il solstizio d'estate dal 1400 d.C. in poi.

Gli stessi tipi di allineamenti si trovano nella Moose Mountain, nella ruota Medicina a Saskatchewan, in Canada, anche se ha solo cinque raggi e potrebbe essere più vecchia di mille anni. Così appare chiaro che anche le ruote medicina avevano funzioni di calendari e per i rituali.

File di pietra

In Europa, a volte si trovano massicci menhir indipendenti eretti in grandi file o viali (file doppie). Si trovano anche file triple, ma sono rare. In tutta l'area un tempo fertile di Dartmoor, ad esempio, si trovano circa 62 file di pietre, lunghe da 15 m a circa 3,2 km. Di solito in linee rette o curve, a volte venivano erette come linee ondulate, come nel sito megalitico di Carnac, in Bretagna, Francia, dove molte delle pietre di Carnac pesano oltre 50 tonnellate ciascuna! Qui undici file di pietre ondulate si snodano attraverso il paesaggio.

A Stonehenge i resti di un imponente viale di pietra si addentra nel cerchio fino alla Pietra del Tacco (nella foto). Questo menhir, alto circa 4,8 m, si trova all'esterno del monumento principale ed è circondato da un piccolo fossato. Esso segna un allineamento solare dalla pietra dell'altare centrale verso l'alba nel giorno di metà estate.

Il sito di Avebury aveva un tempo due grandiosi viali di circa 100 coppie di pietre. Le coppie di pietre si fronteggiavano, con un lato del viale che presentava solo alte pietre a pilastro di tipo maschile e l'altro lato con pietre più tozze e rotonde. Lo Yang che bilancia lo Yin. Un tempo le persone camminavano cerimoniosamente verso il centro lungo la parte esterna del viale. All'altra estremità di una delle file si trovava il cerchio di pietre oggi conosciuto come il Santuario. Oggi rimane solo un menhir solitario di quello che un tempo era un cerchio di pietra di 40 m di diametro che aveva anche un cerchio più piccolo al suo interno.

Pilastri e pietre di confine

I menhir solitari, spesso pietre erette a forma di antenna o falliche, sono una reliquia comune dell'era megalitica. In tutto il mondo, un tempo era consuetudine collocare queste pietre a pilastro come marcatori di confine. Anche le tribù celtiche d'Europa installavano un pilastro significativo come omphalos per segnare il centro del loro territorio. Di solito aveva una forma fallica o a cupola.

Il pilastro più alto d'Irlanda è la Long Stone, a Punchestown, nella contea di Kildare. Con i suoi 7 metri di altezza, questa pietra testimonianza dell'Età del Bronzo. Durante l'Età del Ferro in Irlanda, le pietre a pilastro (come quella della foto) venivano spesso erette per commemorare i morti. A volte erano incise con la proto-scrittura Ogham, una serie di trattini che si susseguivano in un'unica soluzione lungo i bordi delle pietre. Sopravvissute fino all'era cristiana, alcune pietre pilastro irlandesi furono in seguito riconsacrate al santo locale, con una croce scolpita al loro interno.

Si possono trovare anche coppie di pietre pilastro. Una è tipicamente alta e sottile; l'altro piccolo, quadrato e dalla punta smussata. Questi yang/yin Si credeva che le coppie funzionassero come porte d'accesso ai recinti sacri, come nel caso del leggenda di una nota coppia di pietre irlandesi, chiamata Blocc e Bluigne (vista nella foto). Questa coppia di pietre si trova all'ingresso della Collina reale di Tara e si dice che fossero legate a rituali di regalità sacra. Secondo le leggende, il futuro re avrebbe tentato di guidare il suo carro tra le due pietre, solo il re legittimo avrebbe potuto passare facilmente tra di esse. (Tuttavia, non esistono prove archeologiche della presenza di carri in Irlanda). Nella pietra più alta è scolpita una piccola figura di sheela-na-gig (dea della Terra).

In Italia, si dice che Numa, primo re di Roma dopo Romolo, avesse diviso il territorio installando ai suoi confini delle pietre terminali. Queste pietre speciali erano dedicate a Giove ed era considerato un reato capitale spostarle. In Grecia le pietre di confine dell'antica Babilonia erano elaboratamente scolpite con favolosi disegni in rilievo.

I monumenti babilonesi di kudurru hanno fornito una visione chiara dei registri della proprietà e dei privilegi dei terreni, come le tasse e le imposte, nonché le esenzioni nel periodo kaassita. La loro forma a forma fallica probabilmente si rifà a una forma più antica, quella di segnacampi agricoli. Come importanti documenti legali, venivano in seguito conservati nei templi per esservi custoditi.

Un kudurru del British Museum, come nella foto, raffigura il Sole, la Luna e Venere nella parte superiore, a simboleggiare le principali divinità mesopotamiche Shamash, Sin e Ishtar, che testimoniano e garantiscono la concessione legale della terra. Altri simboli si riferiscono ad altre divinità, altari, creature divine e poteri celesti, e alcuni sono precursori dei segni zodiacali.

In Gran Bretagna, le cerimonie di battitura dei limiti territoriali prevedevano il rituale di deambulazioni intorno ai confini delle parrocchie e spesso percussione selvaggia delle pietre di confine con bacchette di nocciolo. In Cornovaglia un vecchio confine in pietra era considerato monumento, sulla cui sommità è stata aggiunta in tempi successivi una croce grezza. Veniva visitato ogni anno e i pellegrini, per tradizione, prelevavano un po' di terra intorno alla base di questo vecchio pilastro di pietra lanciandola in aria e su di esso, probabilmente in ricordo di qualche antico rituale agricolo.

Foto: - Pietra di confine della kudurra babilonese, British Museum.

In alto a destra - Pietra di confine svedese, Museo di Stoccolma.

In basso a destra - Pietra commemorativa svedese sul ciglio di una strada rurale.

Poteri sacri

Alcune pietre particolari sono state a lungo venerate per i loro poteri benefici. Alcuni menhir sono stati associati al mantenimento di armonia della Terra e se le pietre sono state distrutte, le persone avevano paura. Quando le pietre sono state reintegrate la situazione è tornata alla normalità, l'armonia è stata ristabilita e le coltivazioni sono tornate a crescere di nuovo in modo sano.

Questo è accaduto anche nel 1944. In quell'anno nell'Essex, in Inghilterra, alcuni uomini dell'aviazione americana spostarono per scherzo un menhir che, secondo la leggenda locale, segnava la tomba di una strega. Subito dopo gli effetti cominciarono a farsi sentire nel quartiere: il latte delle mucche si seccò, le galline smisero di fare le uova, i pagliai caddero e la campana della chiesa cominciò a suonare da sola. La vita tornò alla normalità solo quando la pietra fu sostituita!

Le pietre sono state per lungo tempo associate alla fertilità della terra e anche di animali e persone. Un tempo le coppie visitavano le pietre in occasione di promesse di matrimonio, quando desideravano avere figli o un parto facile. I riti spesso consistevano nel toccare pietre speciali, infilare le mani in fori presenti nelle pietre, o tenersi per mano intorno ad esse, o sedendosi sopra di esse.

La qualità eterna delle pietre ne ha rese alcune popolari per propiziare i giuramenti fin dall'inizio del XIX secolo. La Pietra di Odino, una pietra forata nelle Orcadi, che fu distrutta da un contadino nel 1814, era una di queste pietre. Promesse e giuramenti fatti a Odino, ovvero giurati su quella pietra, erano considerati legalmente vincolanti. Era consuetudine lasciare offerte di pane, formaggio o stoffe alla pietra come gesto di ringraziamento.

Altri menhir erano adorati dai pescatori per invocare il bel tempo. Ad esempio, le antiche pietre dolmeniche delle isole della Manica sono state descritte nei manoscritti del XVI e XVII secolo come "altari degli dei del mare". Molti menhir venivano visitati regolarmente, come un luogo dove onorare le antiche divinità e pregare per condizioni di sicurezza.
In Scozia, il Kempock Stane, o Granny Kempock, è un menhir di 2,1 m (7 ft) che domina l'estuario del Clyde, vicino a Gourock. In questo luogo i pescatori di un tempo portavano doni e cesti di sabbia dal mare. Ci

giravano intorno più volte cospargendo di sabbia le sue base, chiedendo il bel tempo e una grande quantità di pesce. Si presume che nonna Kempock fosse in origine una dea del mare.

Altre pietre sono state utilizzate per esaudire i desideri, soprattutto se si considera che anticamente si credeva che la buona sorte potesse essere ottenuta mantenendo la buona volontà degli spiriti del luogo. Molti menhir si sono purtroppo ridotti di dimensioni nel corso del tempo, a causa di tante persone che ne hanno staccato dei pezzetti da portare a casa come souvenir portafortuna!

La pietra di Cailleach Bhearra (la vecchia dea megera) a Kilcatherine, Co. Cork, Irlanda, si affaccia sulle acque verso il suo amante dio del mare (come nella foto). Ricoperta di gingilli, piume, ciottoli e altre offerte, è ancora oggi molto frequentata. ed è una popolare pietra dei desideri.

Pietre a conca

Le pietre a conca sono alcuni menhir bassi, tra cui molti massi naturali, che presentano delle depressioni a forma di conca scavate al loro interno. Questi bacini circolari si trovano di solito sul lato superiore delle pietre reclinate (che giacciono orizzontalmente sul terreno). In Irlanda si chiamano bullaun. I bacini più grandi di solito non superano i 90 cm di larghezza e i 7,6 cm di profondità. Sono spesso posizionati per raccogliere la pioggia e la rugiada dalla superficie della roccia, con un canale per allontanare l'acqua in eccesso.

Un tempo si facevano offerte di cibo, acqua o latte nelle cavità delle pietre per placare gli spiriti locali del luogo. In Scozia, queste pietre a forma di conca erano il luogo in cui venivano fatte le offerte di latte per compiacere lo spirito femminile selvaggio dei pascoli, la Gruagach. Nelle Highlands scozzesi, la Pietra dei Capelli Lunghi (Clach na Gruagach) si trova a Gairloch e a lei veniva offerto quotidianamente latte quotidiane, secondo una tradizione che è continuata fino all'inizio del XX secolo. Se le donne di casa dimenticavano di farlo, ne seguivano sempre dei guai!

Alcune pietre a conca venivano utilizzate nelle zone costiere per riti di innalzare o calmare i venti. I pescatori deponevano le offerte nella depressione della pietra nella direzione da cui il vento doveva soffiare.

Molti dei bullaun irlandesi sono stati senza dubbio utilizzati originariamente per impastare in comunità i dolci sacri per i rituali del raccolto. Forse questo è perché si trovano spesso con i loro bacini che contengono grandi ciottoli, come pietre da macina. Si trovano spesso nei terreni delle antiche fiere, dove la festa del raccolto veniva celebrata dagli abitanti della terra. (Per saperne di più su questo argomento, leggete il mio libro Permacultura sensitiva).

Altari di pietra

In seguito, in epoca cristiana, le bullaun e le pietre rotonde in esse contenute furono considerati come oggetti di magia associati a stregoneria. Un esempio si trova in una tranquilla zona periferica dell'Irlanda, dove la pietra della maledizione/benedizione di Santa

Brigida a Killinagh, Co. Cavan, si affaccia sulla Upper Lough MacNean al confine con l'Irlanda del Nord. È stata anche chiamata Sedia dei desideri di Santa Brigida. L'autore ha osservato con la chiaroveggenza nove spiriti femminili che circondano questo bullaun, guardiani di questo sito altamente energetico.

Foto: Le Pietre Maledette/Benedette di Santa Brigida, un bullaun muschiato nel vecchio cimitero di una chiesa a Killinagh, Co. Cavan, Irlanda.

Anche se il termine Pietra Maledetta è stato utilizzato dagli studiosi per descrivere tali rocce, erano più spesso conosciute dai contadini come pietre di benedizione. Con queste pietre magiche irlandesi, si possono avverare desideri in bene o in male. Attraverso un rituale di rotazione in senso orario delle pietre rotonde si può invocare la guarigione e la buona sorte; mentre ruotandole in senso antiorario si può esercitare una maledizione, come quella che veniva invocata per vendicare le ingiustizie. (Mentre si riteneva che una maledizione inviata erroneamente si ritorcesse contro il maledicente).

A volte era necessaria una preparazione spirituale prima di utilizzare tali pietre della benedizione. Le persone digiunavano, poi andavano in pellegrinaggio in antichi luoghi sacri che erano stati cristianizzati. Qui recitavano preghiere (a volte camminando all'indietro mentre le recitavano) e si rivolgevano alla pietre dichiarando la loro volontà per lasciare esprimere il loro potere.

Sull'isola santa di Iona, dove i monaci irlandesi hanno fondato un monastero centro di apprendimento, c'è un'importante pietra a conca in un antico edificio in rovina usato come altare della chiesa. Nei suoi bacini venivano tradizionalmente fatte girare delle pietre rotonde in senso orario dai pellegrini per assicurarsi la buona sorte.

In Irlanda un numero sorprendente di questi altari in pietra, chiamati leachta in irlandese, è sopravvissuto anche in tranquille zone periferiche, come nella copertina di questo libro. Queste lastre di pietra a secco con i loro grandi ciottoli arrotondati, si trovano di solito in associazione a pozzi sacri, antichi cortili di chiese e luoghi sacri.

Il più famoso di questi altari di pietra in Irlanda è probabilmente quello di Inishmurray, un'isola al largo della costa occidentale. Le Speckled Stones sono una settantina di pietre arrotondate, lisciate dall'acqua, alcune scolpite con croci, poste su un altare in pietra a secco all'interno dell'antico recinto monastico che giace in rovina intorno ad esso. L'ultima e più celebre volta che questo altare di pietra è stato utilizzato è stato negli anni '40, quando è stato effettuato con successo un rito per maledire Adolf Hitler durante la Seconda Guerra Mondiale. I primi santi irlandesi non mancavano di maledire a loro volta, avendo letto nel Vecchio Testamento di Mosè ed Elia che costruivano altari di pietra per maledire i nemici del cristianesimo.

Foto di Peter Cowman: L'autore si sintonizza su un altare sacro in pietra nel cortile della chiesa rovine vicino a Carrick-on-Shannon, nella contea di Leitrim, Irlanda.

Pietre curative

Secondo le tradizioni alcune pietre possono trasferire energie curative alle persone, sia direttamente che indirettamente attraverso l'acqua. Un tempo le persone raccoglievano e bevevano la rugiada energizzata che scorreva dalle pietre curative, che veniva impressa con la loro speciale energia. Le pietre a conca di Stonehenge ne sono dei buoni esempi, e un tempo erano considerati con la più alta riverenza. Geoffrey di Monmouth scrisse di Stonehenge che: "in queste pietre è racchiuso un mistero e una virtù curativa contro molti disturbi.... Venivano lavate le pietre e l'acqua veniva versata nelle vasche, qui i malati venivano guariti. Inoltre si immergevano nell'acqua anche i feriti. Anche loro ricevevano la guarigione, perché non c'è una pietra che non abbia la virtù curativa della sanguisuga".

Molte bullaun sono state associate al potere di guarigione, anche tramite l'acqua che vi si raccoglieva. Erano particolarmente apprezzate per i disturbi degli occhi e la rimozione delle verruche. (Nelle famiglie degli affumicatori i problemi agli occhi erano molto diffusi). In altre tradizioni era spesso utilizzato il contatto diretto con le pietre.

Dall'India all'Europa ci sono molti esempi di pietre forate associate a poteri curativi - rocce con fori formati o naturali attraverso i quali le persone ponevano le mani alla ricerca di una cura per il mal di schiena, per i reumatismi o per la rigenerazione generale.

Men an Tol è la più famosa di queste pietre forate in Gran Bretagna. Le pietre erano forse i resti di una camera funeraria o di un dolmen del Neolitico, che pare fosse allineata all'alba del Primo Maggio. La pietra più grande ha un foro rotondo di circa 60 cm di diametro, attraverso il quale un tempo si facevano passare i bambini malati (in particolare quelli affetti da rachitismo) per curarli. Le pietre, che non sono più nella loro posizione originale, venivano utilizzate anche per la prevenzione e la cura di varie malattie di natura reumatica.

Le attività rituali prevedevano lo strisciare, o passare attraverso il buco tre o nove volte in senso antiorario. A volte i bambini venivano anche sdraiati lungo il prato in direzione est. Le pietre sono state utilizzate anche per divinazione, con i visitatori che portavano spille di ottone da posizionare in cima alle pietre. Una replica moderna di Men an Tol, è stata eretta in Cornovaglia su una proprietà privata non lontana dalle pietre originarie. E' visitata da molte persone che ancora oggi e vi strisciano dentro per curare il mal di schiena.

Esistono anche sedili di pietra che venivano utilizzati per la guarigione. A volte si formano naturalmente nella roccia, altri sono stati modellati appositamente. La sedia di St Fillans si trova nella roccia naturale sulla collina di Dunfillan, nel Perthshire, in Scozia, e divenne famosa come cura per i reumatismi. Ci si arrampicava sulle rocce per raggiungere la sedia, si stava seduti e poi si scendeva venendo tirati giù dal pendio per le caviglie!

Questi sedili in pietra potevano anche infondere a chi vi sedeva il potere del comando, sia fisico che psichico. I sedili di pietra venivano usati anche come potenti siti per il conferimento di autorità ed associati alle persone potenti del loro tempo: i druidi, i santi, i capi e i re. Erano spesso anche luoghi di dimora di importanti spiriti del paesaggio.

Un tempo si dormiva su letti di pietra per ottenere cure, ad esempio per l'epilessia e anche per favorire il concepimento e la nascita. Gli irlandesi li chiamavano letti dei santi per dare loro un'aura di cristianità! Il principio molto più antico dell'evoluzione e il rinnovamento spirituale veniva invocato dormendo una notte o due sui letti di pietra. In tradizioni più recenti si è ritenuto sufficiente per ottenere lo stesso risultato sdraiarsi semplicemente su di esse per un breve periodo di tempo e girare su se stessi idealmente per tre volte.

Gli altari di pietra spesso conservano ancora oggi le loro antiche tradizioni di guarigione. L'autore ha incontrato un anziana in un angolo tranquillo della contea di Leitrim, presso l'altare di San Ronan, vicino al Pozzo Santo di San Laissar, un antico luogo di pellegrinaggio. La donna ha spiegato come il suo mal di schiena fosse stato curato in gioventù (70 anni prima) strisciando sotto il tavolo di pietra. È un grande tavolo rotondo. La pietra era pulita e nuova, e immagino che le rocce del sito siano state rinnovate nel corso del tempo.

A volte pietre molto piccole possedevano leggendari poteri curativi.
Le pietre curative erano spesso esemplari insoliti, come il quarzo fine, cristalli, o rocce e fossili dalle forme strane. Potrebbero essere state portate a casa dai malati o messe nell'acqua per caricarla di sostanze curative. Tali pietre minilitiche possono anche avere un aspetto piuttosto ordinario. Le Straining Threads, situate in un antico cimitero di Killerry, Co. Sligo, in Irlanda ne sono un esempio.

Vecchi pezzi di stoffa venivano avvolti intorno alla pietra principale, come si può vedere nell'immagine sotto. Le persone affette da vari disturbi venivano qui e prendevano un po' di stoffa che strofinavano sulle parti malate per guarire. Se non potevi andare di persona, un amico portava per te un pezzo di tessuto non sbiancato in filo di lino e lo avvolgeva intorno alla pietra principale arrotolandolo in senso orario recitando una preghiera. In cambio veniva prelevato un pezzo di stoffa messo da un visitatore precedente e veniva portato al paziente per essere legato intorno alla malata e ottenere la guarigione.

Un altro antico sito irlandese in un luogo remoto è il Pozzo di Sant'Attracta vicino a Monasteraden, nella contea di Sligo, che prende il nome da un santo del V secolo. La misteriosa fila di grossi ciottoli posti lungo la parete di fondo un tempo venivano visitati e maneggiati da persone in cerca di cure per le verruche, il rachitismo, l'asma e altri disturbi comuni. Quando le donne volevano concepivano ne portavano uno a casa per un po' di tempo. Ancora oggi vengono chiamate "pietre del serpente" e la chiesa ha abbandonato questa pratica! Oggi le pietre sono saldamente fissate nella parte superiore del vecchio muro di pietra.

Pietre della regalità

Alcuni Menhir vennero utilizzati per l'incoronazione di re e capi tribù, che vi stavano in piedi o seduti sopra come simbolo della propria potenza. In Gran Bretagna, la più famosa è la Pietra di Scone (o Pietra del Destino), un blocco di arenaria rossa di 200 kg conservato sotto il trono. Trentaquattro re scozzesi vi sono stati tronizzati, prima che Edoardo I d'Inghilterra lo sequestrasse e nel 1296 fu rimosso da Scone, Perthshire, per essere portato alle Camere del Parlamento a Westminster. Qui è stata realizzata una speciale sedia in rovere. La pietra ora si trova di nuovo in Scozia e sarà ripresa in prestito quando sarà incoronato il prossimo monarca inglese.

In Irlanda, sulla collina reale di Tara, si trova un'altra Pietra del Destino, la Lia Fail, che si vede nella foto. Ha un ruolo classico secondo la pseudo-storia di pietra per l'incoronazione in tempi molto antichi. Si dice che la roccia ruggisca o gridi forte quando deve essere incoronato il re legittimo. Tuttavia oggi non si trova più nella sua posizione originale e la sua importanza potrebbe essere stata sopravvalutata dagli annalisti medievali.

Anche la Turoe Stone è associata alle cerimonie di incoronazione, è una pietra di granito a forma di cupola alta 1 m (3,3 piedi) nella contea di Galway. È la più bella tra le poche pietre omphalos tribali dell'Età del Ferro in Irlanda, scolpite in modo decorativo nello stile curvilineo di La Tene.

Un altro favoloso esempio è la Castlestrange Stone, situata vicino ad Athleague, nella contea di Roscommon (nella foto). Si pensa che queste pietre enigmatiche siano state utilizzate per le cerimonie di insediamento della regalità sacra sulla terra per le loro splendide incisioni. Attraverso questo axis mundi del territorio tribale, l'aspirante re veniva simbolicamente unito alla dea preminente della terra per ottenere la legittimità di governare. È una tradizione che deriva dai miti vedici indiani di origine dei popoli celtici, di Shiva che si unisce a Shakti, e dalla loro antica venerazione attraverso le forme sculturee di lingam e yoni.

Anche le impronte scolpite nella pietra naturale erano un tempo strettamente associate alla regalità nell'Europa settentrionale. Al momento dell' incoronazione secondo i rituali nell'antica Scozia dei Pitti, il futuro re infilava il piede sull'impronta di pietra. In questo atto simbolico la dea della terra è diventata il supporto del piede reale.

In Cornovaglia i cerchi di pietra sono stati utilizzati per le incoronazioni fino al 14° secolo. Il re si posizionava al centro del cerchio di pietre e i suoi nobili erano posizionati intorno a lui, adiacenti alle pietre. Questa disposizione circolare era simile a quella dei rituali reali d'incoronazione dei re irlandesi a Tara.

Pietre dello spirito

Lo shintoismo, l'antica tradizione animista del Giappone, ha da tempo riconosciuto le rocce come dimora dei kami, gli esseri spirituali della natura della Terra. Pietre che fungono da dimora di importanti divinità del paesaggio sono chiamate iwakura. Simili tradizioni si trovano in tutto il mondo, anche se in genere sono state soppresse e frammentate dalle religioni moderne.

I santuari degli spiriti con pietre speciali, come nelle foto, sono diffusi in tutta l'Asia e in molte altre parti del mondo. Nell'antica Grecia, i filosofi raccontavano che le divinità spirituali venivano attratte verso le pietre e verso le effigi in pietra attraverso i rituali. Riportano che atti regolari di riverenza avrebbero indotto le divinità a prenderne dimora. Le pietre possono davvero fungere da portali e punti di ancoraggio per una serie di spiriti, dalle grandi divinità della Terra agli spiriti minori della natura, come confermano oggi i sensitivi e i radiestesisti.

Foto: Casa degli spiriti della strada malese, dove si onorano gli spiriti dell'aria.

Nel pensiero teosofico moderno, derivato dall'antica saggezza mistica indiana, gli esseri spirituali della natura appartengono a regni ultradimensionali, esistono sulle frequenze eteriche, astrali e di altro tipo, e mostrano coscienza e intelligenza. Si potrebbero chiamare collettivamente i deva, dal termine originale sanscrito che significa "splendenti". I deva sono spesso percepiti dalle persone sotto forma di luci.

Qualsiasi forma scelgano di assumere (e il regno astrale è molto fluido), i deva hanno diversi livelli di intelligenza e di sentimenti. I loro aspetti emotivi, come vibrazioni nel regno astrale, possono pervadere un luogo ed essere percepiti da molte persone che vi si recano. Se i devoti sono felici, allora la loro energia felice permeerà lo spazio intorno a loro e aiuterà a far stare bene tutti gli esseri presenti.

Se desiderano comunicare con gli umani, possono proiettare in loro forme di pensiero, immagini, o anche sentimenti o suoni. E' un'ottima idea regalarsi un sedile di pietra speciale, o avere un altare di devozione nel proprio giardino!

Foto: Una casa degli spiriti della Terra in Malesia. Questa in un negozio presenta un cobra di pietra, circondato da offerte di acqua e incenso.

Portali dello spirito

Le superfici naturali delle rocce, in particolare le crepe e le fessure, sono state a lungo considerati come ingressi al mondo degli spiriti e come luoghi di emersione per i deva. Gli sciamani in stato di trance si recavano sulle pareti rocciose per entrare in comunione con il mondo degli spiriti. Nell'Ontario, in Canada, per esempio, si dice che gli sciamani avessero il potere di entrare nelle pareti rocciose per incontrasi con gli spiriti e scambiare la "buona medicina", il tabacco, in cambio di poteri soprannaturali.

Bisogna essere uno sciamano per entrare in una roccia? No, a quanto pare. Ho sentito parlare di questo fenomeno in modo più sporadico negli ultimi tempi, in occasione di una visita a uno dei siti più sacri del pianeta : Uluru (noto anche come Ayers Rock) in Australia centrale. Billy Arnold ha riferito di aver sentito le storie identiche di due donne di Alice Springs, raccontate a lui separatamente in tempi diversi. Entrambe erano turiste, una americana, che si erano sentite attratte irresistibilmente all'idea di fare il viaggio verso l'enorme roccia rossa, l'iconica Uluru.

Entrando in una particolare grotta femminile sacra nel fianco di Uluru, le donne erano state trasportate in un'altra dimensione. Entrambe hanno riferito di essere state accolte da un gruppo di donne aborigene anziane – in forma di spiriti - che si avvicinarono a loro nella grotta e le invitarono ad andare con loro all'interno della roccia, cosa che fecero. Non so cosa sia successo quando sono entrate ma direi che sono state incredibilmente privilegiate a ricevere un tale risveglio spirituale attraverso la dimensione onirica. Sono sicuro che si sono sentite benedette anche loro. Quelle anziane donne aborigene sono state a contatto con i misteri della vita per molto tempo, e credo che abbiano ancora oggi, il potere di illuminare le donne, in particolare quelle che vanno da loro con la mente e il cuore aperti.

Fiabesco

In Europa si considerava che alcune pietre fossero porte d'accesso al paese delle fate. In un racconto gallese, un pastorello smarrito era stato portato nel paese delle fate attraverso un Menhir tra le montagne. Il misterioso vecchio che lo portò lì battè tre volte sulla pietra, che si sollevò per rivelare una scala che scendeva nel mondo sotterraneo. Scendendo le scale, il ragazzo andò a stabilirsi nella fertile terra del popolo delle fate.

Le pietre fatate speciali non erano sempre punti di riferimento significativi. Un sacerdote cattolico intervistato da Evans-Wentz ha spiegato la persistente credenza che "un mucchio di pietre in un campo non dovrebbe essere spostato, anche se necessario soprattutto se fanno parte di un antico tumulo. Le fate si dice che vivessero all'interno del cumulo e che spostare le pietre porterebbe molta sfortuna".

Molti cerchi di pietre sono stati associati a leggende di fate che lì vi dimoravano insieme a spiriti del drago. In alcuni casi fenomeni luminosi sono stati visti in vari siti delle fate da vari testimoni. In epoca moderna avvistamenti di questo tipo sono stati a volte interpretati come attività UFO; ma è altrettanto probabile che si tratti di fenomeni di energia terrestre.

Per quanto riguarda i megaliti di Carnac, all'inizio del 1900 il ricercatore Evans-Wentz raccontava che le fate residenti avessero il potere di trasformare gli uomini mortali in pietra. A proposito di Men-an-Tol in Cornovaglia, un anziano del luogo gli ha detto che si suppone che ci sia una fata guardiana o un folletto che possa far cure miracolose". Si tratta di ricordi di epoche passate in cui il genius loci del sito è stato riconosciuto come responsabile delle energie del luogo e di dispensare cure o maledizioni.

Le fiabe irlandesi sono un ricco tesoro di antiche leggende, testimonianza di incontri reali tra persone e Gentry (come spiriti della natura). Più che racconti di fantasia. Molti non sono nemmeno così antichi. Quando i racconti furono raccolti, in gran parte alla fine del XIX secolo, essi erano spesso racconti attuali di incontri reali tra i deva con amici e parenti delle persone intervistate.

La Cornovaglia ha i suoi Spriggans, una delle cinque "specie" riconosciute sul territorio, ha scritto Robert Pope, all'inizio del XIX secolo. Si tratta di spiriti che "si trovano solo sui cairn, sui quoit o cromlech, sui tumuli o sulle pietre distaccate, con cui non è bene che gli esseri umani si intromettano. Sono tribù di entità straordinariamente maliziose e ladre", ha detto. In effetti le storie di avvertimento sono molte e tutte avvertono di non disturbare i luoghi sacri per evitare la punizione di folletti irascibili. Questi esseri sono gli spiriti guardiani, la cui presenza e il cui rispetto da parte della popolazione hanno preservato molti siti megalitici dalla profanazione nel corso dei millenni.

Un tema ricorrente delle storie di fate è l'offesa dei deva e la distruzione delle loro dimore a nostro rischio e pericolo. Le fate in carne e ossa non sono tutte dolci e luminose, hanno un'ampia capacità di infastidire gli esseri umani se disturbati, potenzialmente utilizzando la suggestione ipnotica o l'attacco psichico per rendere la vita insopportabile ai profanatori di siti.

Cerchi danzanti

Le tradizioni europee riportano che le fate danzassero intorno ai cerchi di pietre. Ad esempio, si dice che le fate danzino abitualmente intorno alla Pietra del Re del Cerchio di Pietra di Rollright emergendo da un buco nell'argine vicino. Un tempo le persone erano entusiaste di danzare all'interno dei cerchi di pietra e le danze circolari nei luoghi sacri, come i corrobores degli aborigeni australiani nei loro terreni circolari di bora, è praticata in tutto il mondo. Un secolo fa in Gran Bretagna, E.M. Nelson ha descritto come un tempo uomini e donne corressero nudi nove volte intorno ai cerchi di pietre come rito di fertilità. (Il numero nove è spesso presente nei cerchi di pietre. Potrebbe richiamare la dea triplice delle antiche religioni. Ciascuno dei suoi tre aspetti può anche essere triplo).

Tali racconti erano motivo di preoccupazione per la Chiesa! Leggende cristiane riportano che alcuni cerchi siano in realtà ballerini trasformati in pietra per punizione. Di solito il loro reato era quello di essersi divertiti troppo il giorno di sabato o la vigilia del sabato. In Cornovaglia, vicino Lamorna, il circolo di pietra delle Fanciulle allegre, si dice che sia un gruppo di ragazze che, passeggiando per i campi una sera di sabato, rimase incantato da musica fatata fatta da una coppia di pifferai e per questo cominciarono a ballare. Ma furono colpite da un lampo e trasformate in pietra. I due zampognari sono stati anch'essi colpiti in questo modo e sono ora un paio di menhir in un campo vicino. Il cerchio delle nove fanciulle (noto anche come Boscawen-un), nel Devon, si dice anche che siano in realtà ragazze pietrificate per aver ballato di domenica; si dice che le pietre danzino esse stesse ogni giorno a mezzogiorno! Ci sono molti altri esempi e anche Stonehenge un tempo si chiamava La danza dei giganti.

Tuttavia le leggende delle danzatrici pietrificate sono state scritte solo nel XVII e XVIII secolo, sottolinea Christine Zucchelli. Prima di allora, aa credenza popolare associava i cerchi di pietre alle fate danzanti, non agli umani. Non era la prima volta che nuove religioni reinterpretassero e raccontassero in modo diverso vecchie leggende per adattarle ai loro programmi.

Perché le persone danzavano all'interno dei cerchi di pietra? Per divertimento, probabilmente accedevano agli stati di trance in questo modo, il cerchio ritmico della danza aveva un effetto ipnotico. Antichi riti di iniziazione e fertilità probabilmente prevedevano canti e balli, e avrebbero contribuito a legare gioiosamente il popolo attraverso uno stato estatico. Il ricercatore e rabdomante Tom Lethbridge ha anche sottolineato che - "per mezzo delle persone che eseguivano danze circolari selvagge, si poteva generare energia e conservarla in pietre e alberi".

Ma erano solo le persone e i deva a danzare? Quando Lethbridge ha cercato di datare una pietra delle Merry Maidens con il pendolo per la rabdomanzia, è rimasto sorpreso e letteralmente scioccato; nel libro "La leggenda dei Figli di Dio" ha scritto : " Appoggiando la mano sulla pietra ho ricevuto una forte sensazione di formicolio, come se fosse un'altra cosa. Ho sentito una leggera scossa elettrica e il pendolo ha iniziato a ruotare fino a quando non era quasi orizzontale rispetto al suolo. La pietra stessa, che doveva pesare più di una tonnellata, sembrava che dondolasse e quasi danzasse.", ha detto. Il rabdomante e autore inglese Tom Graves indagando su alcuni menhir in epoca moderna, riporta che era come se le pietre danzassero al suo tocco sensibile. "Le tradizioni delle 'pietre danzanti' all'improvviso sono diventate una realtà tangibile", ha scritto in Elementi del pendolo per la radiestesia.

Rispetto per le pietre

I menhir magici hanno attirato ogni tipo di venerazione in passato; fino al XIX secolo la gente era ancora molto legata ai propri antenati e quindi le rocce energetiche si inimicarono molto la Chiesa. I cattolici sono stati in grado di acquisire alcuni dei siti megalitici, ma per i protestanti i megaliti mistici erano troppo pagani! Alcuni di essi furono "convertiti" e trasformati in chiese.

Alcuni degli antichi menhir erano luoghi di culto per le divinità agricole terrestri ed erano luoghi noti per accogliere le offerte per ottenere buoni raccolti. Secondo le tradizioni, particolari rocce erano meta di pellegrinaggio o visitate in tempi di siccità o carestia. Un megalite inglese di pietra blu nel Lincolnshire, chiamato Boundels Stone, aveva la reputazione di fare piovere, ma prima doveva essere colpito con delle bacchette di nocciolo. Un'altra pietra nelle vicinanze, la Pietra di Grim, se percosso, poteva far crescere il mais e la gente organizzava ogni anno un viaggio intorno alla coppia di rocce, che venivano percosse "fino a quando tutti non fossero diventati sazi per la prosperità".

Sull'isola di Guernsey un tempo si facevano processioni sacre presso i principali siti megalitici, attorno ai quali "l'intero gruppo dei pellegrini solennemente ruotava tre volte da est a ovest", ha osservato Evans-Wenz. Anche a Guernsey si trova una pietra effigiata molto venerata che rappresentava una dea della fertilità terrestre. Conosciuta come

Gran'mere du Chimquiere, questa figura femminile veniva onorata con offerte di frutta e fiori, per ottenere fortuna e fertilità.

La religione della natura non era caratterizzata solo da dee madri della Terra, ma anche da divinità della Terra. Le rocce energetiche sono spesso a forma di fallo, onorando il lato maschile della natura e simboleggiando anche la buona fortuna e la fertilità. Gli dèi vennero soppressi in modo più incisivo dalla chiesa cattolica rispetto alle figure femminili divine.

Un buon esempio è la grande pietra del dio dell'agricoltura irlandese Crom Dubh che presiede il Grange Stone Circle a Lough Gur, Limerick. Ogni anno veniva addobbato con frutta e fiori per ringraziare e garantire la continua fecondità della terra. La potente pietra era anche venerata per i suoi poteri oracolari, che sono evidenti ancora oggi, alcuni lo testimoniano. Tuttavia Crom Dubh stesso è a malapena ricordato; una vittima degli "esperti" cristiani. Nei racconti di San Patrizio era descritto, nel migliore dei casi, come un generoso padrone di casa o, nel peggiore, come un demoniaco dio toro.

Foto: Peter Cowman arricchisce il mucchio di monete su un altare in blocchi di cemento accanto alla pietra di Crom Dubh presso il Grange Stone Circle di Limerick, Irlanda.

In Scozia, la Bowing Stone, sull'Isola di Skye, aveva enorme rispetto. Le persone che desideravano un buon raccolto camminavano intorno alla pietra per tre volte e si inchinano ad essa, come avevano sempre fatto i loro antenati.

Il rispetto per essa era così forte che, quando la Chiesa la disapprovò, il ministro fece abbattere la Pietra dell'Inchino, ma la gente continua a inchinarsi ad essa. Essa è stata gettata in un campo e il contadino si è infastidito per il fatto di avere i suoi raccolti calpestati dai visitatori. Anche dopo essere stata distrutta e lasciata cadere in un burrone, era ancora venerata. Alla fine un sindaco ordinò di ripristinarla e così tutti i pezzi rimanenti sono stati raccolti e ammucchiati, e il popolo ha continuato a inchinarsi, dando un bell'esempio di forza e di coraggio, e do forte legame con la terra da parte delle popolazioni indigene.

Nonostante questa venerazione profondamente radicata per la Terra sacra, molti siti megalitici sono stati deliberatamente e sistematicamente distrutti. Ci è rimasto il dolore per la perdita dei monumenti di pietra che ora non sono altro che un'ombra della loro antica grandezza. Oggi, fortunatamente, ciò che resta dei siti sacri e dei megaliti d'Europa, e persino i luoghi di ritrovo naturali degli spiriti della natura, sono teoricamente protetti dalle leggi sul patrimonio dell'UE. Ma l'archeologia e il turismo possono distruggere questi luoghi in molti modi. Anche chiudere i siti come pezzi da museo non è molto popolare!

Possiamo considerare gli antichi centri rituali megalitici come finestre sulla Terra di accesso alla dimensione onirica, potenzialmente sono accessibile a tutti. Le pietre sacre sono pietre di energia ancora oggi. Le persone stanno anche ri-creando connessioni gioiose con i luoghi, costruendo i propri siti sacri e interagendo con pietre speciali collocate nei centri di potere, seguendo antiche tradizioni che sono il ricco patrimonio di tutta l'umanità.

Capitolo 2: Rocce energetiche

Foto: Il Cheesering, una venerata formazione rocciosa naturale in Cornovaglia, Inghilterra.

Energie geologiche

In Gran Bretagna i siti megalitici si trovano spesso in zone rocciose e altamente energetiche. In effetti, l'80% dei circa 900 cerchi di pietra della Gran Bretagna sono costruiti nel raggio di un miglio su una linea di faglia geologica, dove le energie della Terra, come ad es. i raggi gamma, sono forti. Gli avvistamenti di UFO sono più comuni in questi luoghi e anche le aree di coltivazione sono state oggetto di un'indagine. Le singole pietre si trovano spesso associate a zone di anomalia magnetica, mentre in Francia la maggior parte dei siti megalitici si trovano in aree ricche di uranio.

Non sorprende che la geologia abbia strettamente a che fare con le caratteristiche di un sito, è un'interazione energetica, è il feng shui del luogo. Il ricercatore radiestesico Guy Underwood ha dichiarato che la maggior parte dei siti sacri del Regno Unito si trova dove gli strati rocciosi sottostanti sono solitamente calcare e gesso. Questi sono tipi di roccia molto tenera e, con una quantità sufficiente di acqua in movimento, si erodono facilmente e sviluppano numerose cavità e fessure sotterranee. Il movimento delle acque sotterranee è una caratteristica comune presso siti sacri.

I costruttori di megaliti, d'altra parte, cercavano rocce dure e resistenti per i loro monumenti, a volte trasportandoli da molto lontano. Il granito, che è leggermente radioattivo e spesso altamente cristallino, con un'ampia percentuale di quarzo, era una scelta comune per i megaliti. Anche il quarzo puro era uno dei preferiti, grazie alla sua forte capacità piezoelettrica, Il quarzo può trasformare le energie, spesso addirittura in un lampo scintillante. Quando compresso, può produrre una corrente elettrica. Questo aiuta a spiegare alcuni effetti di luce misteriosa osservati occasionalmente in siti particolari. Ricco di silice, il quarzo è diamagnetico, cioè debolmente respinto da un magnete.

Nel corso degli anni il cristallo di quarzo è stato universalmente venerato per il suo potere di divinazione e guarigione, in rocce che vanno dal grande menhir di quarzo fino a piccoli esemplari tascabili. Gli irlandesi un tempo mettevano nelle tombe piccoli pezzi di quarzo bianco che chiamavano pietre di Dio.

Rocce Energetiche Oggi

Foto: L'ultima montagna di quarzo rimasta a Victoria, che in qualche modo è riuscita a sfuggire alla distruzione dovuta all'estrazione dell'oro, si trova nei Paddy's Ranges, vicino a Maryborough.

Foto: Le Organ Pipes, nei pressi di Melbourne, sono classiche colonne di basalto, formatesi quando il magma vulcanico si raffredda lentamente sotto uno strato superficiale di lava.

Anche la roccia vulcanica, come il basalto, era una scelta diffusa per i megaliti. Il basalto è paramagnetico, cioè debolmente attratto da un magnete. Il professor Phil Callahan ha notato che le rocce paramagnetiche erano spesso utilizzate nelle torri circolari irlandesi, che si innalzano per 34 metri verso il cielo. Ha scoperto che questi "semiconduttori energetici ricchi di silicio" di 1.000 anni fa agivano come enormi antenne, guide d'onda che raccolgono le energie stimolanti dal cosmo e le inviano al suolo. Il risultato può essere una crescita rigogliosa e sana delle piante. Non c'è da stupirsi che gli antichi monumenti in pietra blu (basalto) fossero spesso associati alla fertilità!

(Per saperne di più sul tema delle rocce paramagnetiche leggete il mio libro Stone Age Farming).

Foto: La torre rotonda di Killala, Co. Mayo, Irlanda, con una pianta della sua struttura originale in un complesso monastico paleocristiano.

Indagini scientifiche

Per svelare i misteri delle pietre sacre, il progetto della squadra Dragon Team ha monitorato con strumenti scientifici le varie energie trovate nei megaliti del Regno Unito. Si è concentrata soprattutto sulle rocce Rollright dagli anni '80, usando o gaussometri (per il magnetismo), telecamere a infrarossi, rilevatori a ultrasuoni e contatori geiger, nonché l'antica arte della radiestesia. Quaranta cerchi monitorati dal team sono risultati avere numerose anomalie rispetto alle energie di fondo naturali, in particolare nell'intensità del campo magnetico, nella luce infrarossa, nei rumori ultrasonici e energie terrestri. Alcuni cerchi di pietre sono risultati essere in grado di schermare la radioattività di fondo nelle aree granitiche, dove i livelli possono essere elevati.

Quando la luce dell'alba colpisce le rocce Rollright, è stato riscontrato che esse scaricano suoni acuti ed emettono a infrarossi. La foto agli infrarossi della roccia King ha mostrato una debole foschia aurica che brilla intorno ad essa all'alba.

I risultati degli anni di studio dei cerchi di pietre hanno portato il membro del team Don Robins a ipotizzare che le pietre agiscano come condensatori, dove una carica elettrica viene immagazzinata fino a quando non accade qualcosa, come ad esempio quando vengono toccate, e a quel punto l'energia si scarica rapidamente. In effetti, molte persone hanno riportato lievi scosse al primo contatto con le rocce.

Il team ha concluso che i megaliti possono emettere radiazioni o alterare fortemente quelle presenti in natura. Le pietre analizzate sono risultate tutte situate direttamente sopra, o molto vicine, a linee di faglia geologiche. La scoperta di queste linee di faglia è stata resa possibile grazie all'antica arte della radiestesia.

Arte della radiestesia

La radiestesia è l'arte di cercare con i sensi più sottili. L'applicazione più conosciuta è la localizzazione di risorse idriche sotterranee, per cui è spesso chiamata "rabdomanzia dell'acqua". Ma le applicazioni di quest'arte sono infinite, dal ritrovamento di persone scomparse alla predizione di malattie e salute. Ha origini antiche e oggi esistono numerose e fiorenti società di radiestesisti in tutto il mondo ed è generalmente ben accettata, ma non dai canali ufficiali!

Come fanno i rabdomanti a trovare l'acqua e altre energie? Zaboj Harvalik, un fisico statunitense e consigliere dell'esercito ha portato avanti studi pionieristici sulla rabdomanzia. Affascinato dall'argomento, Harvalik negli anni '60 ha condotto un esperimento in cui, a intervalli casuali, faceva passare attraverso il terreno livelli diversi di corrente elettrica. Dopo centinaia di ore di test con i suoi amici e colleghi, ha determinato che l'80% dei soggetti che avevano partecipato agli esperimenti potevano percepire la corrente continua fino a poco più di due milliampere. Un gruppo più piccolo è in grado di rilevare la corrente fino a solo mezzo milliampere!

Il senso magnetico, ha scoperto Harvalik, è variabile come qualsiasi altro senso nella popolazione. Il maestro radiestesista tedesco Wilhelm de Boer, con la sua sorprendente sensibilità, durante ripetuti test, è stato in grado di rilevare senza problemi un campo magnetico prodotto da una corrente elettrica nel terreno di appena un microampere (un millesimo di milliampere). De Boer si rivelò molto più sensibile del magnetometro utilizzato da Harvalik.

Nel 1968 Harvalik presentò le sue scoperte in una conferenza ad altri scienziati e ha descritto gli esseri umani come "magnetometri viventi di incredibile sensibilità... Le misurazioni magnetometriche indicano che un radiestesista reagisce a variazioni di gradiente magnetico deboli come un millimicrogauss o, in altre parole, 0,00000001 gauss". Tale basso valore di variazione magnetica può essere riscontrato ovunque nel campo magnetico terrestre – a causa di faglie, cavità, radici di alberi e anche da acqua sotterranea, che i rabdomanti dell'acqua sono in grado di percepire come zone di flusso energetico.

Il meccanismo di percezione magnetica nelle persone e negli animali è diventato ancora più chiaro intorno al 1980, con la scoperta dei recettori sotto forma di microscopici ammassi di magnetite, trovati alla base del becco dei piccioni. Questi sensori sono stati poi ritrovati in tutto il regno animale, contribuendo a spiegare la loro straordinaria capacità di orientamento e di migrazione.

Un rabdomante tedesco del XVI secolo.

Nelle persone, sono le creste delle sopracciglia ad avere il maggior peso in termini di concentrazione di questi recettori energetici, che si trovano anche lungo la colonna vertebrale e, in misura minore, nei muscoli. Comportamenti istintivi legati a tali recettori sono associati alla ricerca della direzione e alla percezione del pericolo.
La radiestesia non è un "dono" individuale, perché tutti siamo dotati del suo potenziale.
Le persone che si avvicinano alla radiestesia sviluppano gradualmente la loro sensibilità innata, proprio come un cantante potrebbe affinare la propria voce. Tutto sta nella pratica!

Megaliti e acqua

La rabdomanzia dell'acqua fornisce affascinanti informazioni sull'energia del paesaggio e i misteri dei megaliti. I rabdomanti dell'acqua cercano l'energia derivanti da corsi d'acqua sotterranei che scorrono attraverso cavità e linee di faglia. Il francese M. Louis Merle è stato il primo archeologo a richiamare l'attenzione sul fenomeno dei flussi di acqua sotterranea, essendo fortemente associati ai siti sacri. Nel 1933 ha pubblicato un libro sull'argomento - Radiesthesie et Prehistoire.

Merle ha descritto i modelli di disposizione dei flussi sotterranei d'acqua che si trovano ripetuti nei siti megalitici. I menhir in Francia sono sempre stati rinvenuti all'incrocio di due corsi d'acqua sotterranei, nei pressi dell'incrocio con un terzo flusso sotterraneo. Se il megalite ha una faccia liscia, allora questa viene sempre rivolta verso l'incrocio dei flussi d'acqua. Se si trovano tre corsi d'acqua che si incrociano nello stesso punto, allora una pietra al di sopra di quell'incrocio viene sempre eretta verticale. Ma se il terzo flusso passa in mezzo agli altri due segnali d'acqua che si incontrano un po' più lontano, allora le pietre sono disposte lateralmente all'incrocio dei due flussi. Se il terzo corso d'acqua passa fuori dalla fascia costituita dai primi due segnali d'acqua allora la pietra veniva posizionata in direzione dell'incrocio.

A Carnac, Merle ha descritto le 11 file di pietre come incastonate tra corsi d'acqua sotterranei approssimativamente paralleli, con pietre più grandi a indicare ogni ramificazione o interconnessione tra i flussi. Un secondo libro francese sull'argomento, di Chas Diot, ha confermato le sue scoperte. E in Inghilterra, nel 1935, il capitano Boothy ha realizzato in modo indipendente analoghe scoperte radiestesiche. Per esempio, tutti gli antichi segni di confine marcati da rocce che ha rilevato con la rabdomanzia si sono rivelate legate all'acqua sotterranea.

Il rabdomante e scrittore inglese Guy Underwood ha poi scoperto, tramite radiestesia, che le file di pietre e i viali sono "tutti allineati su sistemi di fessure parallele", con le rocce posizionate tra le fessure.
Le energie dell'acqua cambiano di polarità a seconda delle fasi lunari, se la luna è calante o crescente.

Il rabdomante scozzese David Cowan scrive di aver trovato onde energetiche sinuose verticali emesse dai menhir, che scorrono in "fasce delimitate parallele" e che sono state descritte come "tende magnetiche invisibili". La componente verticale dei campi di emissione derivanti dalle linee d'acqua può anche essere facilmente rilevata con la rabdomanzia. In quanto fonte di stress geopatico, le energie dell'acqua possono influire sulla salute anche quando le persone vivono in alto negli appartamenti. Nessuno sa quanto in alto possono salire le energie dell'acqua nell'aria.

Quando Underwood studiò i menhir, li trovò tutti solitamente situati su importanti "sorgenti cieche". Questo schema di posizionamento è chiamato "cupola d'acqua" in America. I radiestesisti descrivono il fenomeno energetico come una colonna verticale di acqua in forte risalita che non rompe le superficie. Da questa cupola, l'acqua può fuoriuscire orizzontalmente in vari modi, in direzioni diverse, in linee di flusso che seguono piccole fratture, conferendo una forma simile a quella di un polipo.

In tempi attuali il radiestesista irlandese Billy Gawn ha confermato la presenza di sorgenti cieche in siti sacri precedentemente trovati dai vecchi rabdomanti. Ma li ha trovati anche in siti moderni, come sotto un nuovo cancello di ingresso, sotto pilastri, sotto i massi casuali delle colline e persino sotto i tralicci elettrici!

Alcuni rabdomanti, come quelli altamente qualificati in Svezia, incontrati dall'autore, non sono convinti che le cupole cieche esistano! Altri preferiscono parlare di intersezioni di più corsi d'acqua sotterranei. Lo stesso Underwood ha notato che sarebbe "difficile immaginare come una cupola cieca potrebbe esistere e persistere in qualsiasi altra formazione rocciosa" [che sia calcare o gesso].

A Stonehenge, Underwood scoprì che la Pietra del Tacco si trovava sopra una importante conca cieca. Ne trovò una proprio al centro del cerchio e una anche sotto la pietra dell'altare; mentre sotto le pietre del bacino sono state rilevate con la rabdomanzia conche cieche più piccole.

Oggi la maggior parte dei radiestesisti concorda sul fatto che i menhir sono tipicamente situati sopra flussi d'acqua sotterranei e, in particolare, su incroci di corsi d'acqua. Billy Gawn rileva che nei cerchi di pietra ci siano uno o più cupole d'acqua, di solito in posizione centrale, con piccoli corsi d'acqua che si allontanano da esse. Le linee di bordo di questi piccoli corsi d'acqua sono contrassegnati da rocce, dice.

Presso la pietra di Turoe in Irlanda (nella foto), l'autrice è stata sorpresa di percepire l'attraversamento di una linea d'acqua: sarebbe stato normale trovarla in corrispondenza della posizione originale della pietra sacra. Infatti la pietra era stata rimossa dalla sua posizione originale posta sulla cima di una collina più di 150 anni fa. Forse la persona che l'ha spostata era un rabdomante? Oppure, per attirare l'ammirazione dei visitatori, la roccia stessa aveva attirato l'acqua?

Le strutture pesanti, come i grandi monumenti megalitici, influenzano la forza di gravità e l'idrologia sotterranea. Anche la coscienza delle persone può influire energicamente sull'acqua. Ci sono racconti di eventi biblici in cui le sorgenti sono sgorgate dal terreno in seguito a un atto spirituale. Ci sono anche tradizioni più antiche di attrazione dell'acqua verso siti speciali e soprattutto presso i megaliti (si veda il mio libro The wisdom of water). Quindi vengono prima le energie e le sorgenti dei siti sacri o i siti sacri attirano le energie e le acque? Forse è un po' entrambe le cose.

I sostenitori dell'idea di acqua nuova affermano che l'acqua è costantemente creata nelle profondità della Terra, salendo verso l'alto sotto la pressione emergendo dalle sorgenti. La teoria dell'acqua nuova aiuta a spiegare la presenza di acqua nei siti sacri in generale. Ai giorni nostri i megaliti sono anche conosciuti per il potere di attirare i flussi d'acqua sotterranei e quindi è bene tenerlo in considerazione quando si pensa a dove costruire il proprio cerchio di pietre in un piccolo giardino.

Carica bioelettrica

Il rabdomante John Taylor ha studiato una pietra eretta vicino a Crickhowell, nel Sud del Galles nel 1975 ed ha trovato intorno a sé una significativa distorsione nel campo geomagnetico locale. Si è verificato un aumento dell'intensità del campo mediamente di mezzo gauss, quindi si trattava di una variazione notevole. Il campo è risultato aumentare e calare in modo regolare. Taylor ha trovato anche strette bande di geomagnetismo raddoppiato orizzontalmente nella pietra a vari livelli. Ha anche scoperto che queste bande si muovevano su e giù rispetto alla loro posizione iniziale nel corso tempo, su base stagionale.

Secondo certe tradizioni toccando certe pietre megalitiche si potrebbe perdere la memoria. Più comunemente, le persone avvertono formicolii al contatto con le rocce. Alcune persone ricevono anche lievi scosse elettriche. Gli effetti variano da persona a persona; i sensitivi e i radiestesisti sono quelli che spesso subiscono le scosse più forti.

Quando l'antiquario e rabdomante Tom Lethbridge e sua moglie cercavano di determinare l'età del cerchio di pietre di Merry Maidens in Cornovaglia con i loro pendoli, li hanno toccati e "hanno sperimentato una forte scossa di elettricità". Hanno poi ipotizzato che l'energia bioelettrica sia stata accumulata e conservata nelle pietre a partire dall'energia generata dalle persone che danzavano nel cerchio molto tempo fa.

Gli effetti variano con le fasi lunari. La forza delle reazioni è più basso il sesto giorno dopo il novilunio e il plenilunio, in un momento in cui è stato riscontrato che le energie dei cerchi invertono la polarità. È interessante notare che il primo giorno del mese, nell'antico calendario celtico, è sei giorni dopo la luna nuova.

Dopo le scoperte di Taylor, altri radiestesisti hanno tracciato una mappa distinta delle bande di energia che salgono e scendono a spirale dalle pietre erette. Tom Graves è stato introdotto all'argomento durante il periodo universitario, quando ha incontrato l'ingegnere Bill Lewis e l'avvocato John Williams, in Galles. A Graves è stato mostrato come percepire le bande di energia sulle pietre. Queste, scrisse, erano "energie non solo nei movimenti del pendolo, ma nei miei polpastrelli, formicolanti, come l'elettricità statica, come un una lieve scossa elettrica. A volte abbastanza forte da spingermi di lato, lontano dalla pietra".

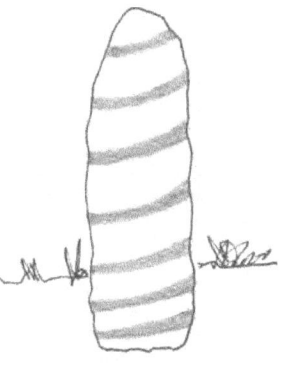

Williams gli raccontò di come, toccando certi menhir, una spirale di forza accumulata si trasmette in tutto il corpo e la persona viene poi lanciata verso il terreno con la forza della scarica energetica. Per un megalite di dimensioni medio-grandi, ha rilevato Graves, sono in genere rilevabili sette bande di energia, di cui due sotto la superficie. La terza si trova all'incirca al livello del suolo e le altre sono al di sopra, la settima è vicina alla cima. Le pietre più piccole, alte fino a 150 cm, possono avere solo cinque bande. Ha raccontato di rabdomanti che sperimentano un rilascio di energia particolarmente forte da un menhir quando, in uno stato di concentrazione, toccano il 5° e il 7° livello di energia.

Graves ha scritto in Aghi di pietra, nel 1978: "Tutte e sette le bande, secondo diversi ricercatori con cui ho parlato, sono punti in cui si percepisce un rilascio a spirale di un qualche tipo di energia che si muove su e giù per la pietra seguendo il ciclo lunare... La spirale alimenta l'energia dalla terra al cielo durante la prima metà del ciclo lunare e si nutre dal cielo verso la terra durante l'altra metà".

Ha proseguito facendo l'analogia tra le pietre erette e gli aghi di agopuntura : le rocce sembrano agire come giganti punti di agopuntira nella Terra. Come nel caso degli aghi applicati agli umani, essi possono provocare un effetto omeostatico (di guarigione, di riequilibrio) - spostando l'energia in entrata o in uscita, in alto o in basso, a seconda delle necessità.

Chakra di pietra

Da dove hanno origine le bande energetiche del Menhir? In genere si trovano sopra i corsi d'acqua sotterranei e in particolare dove si incrociano due o più corsi d'acqua, o sopra una conca cieca - in questi luoghi i radiestesisti trovano anche delle spirali di energie vorticose che possono coprire l'intero sito.

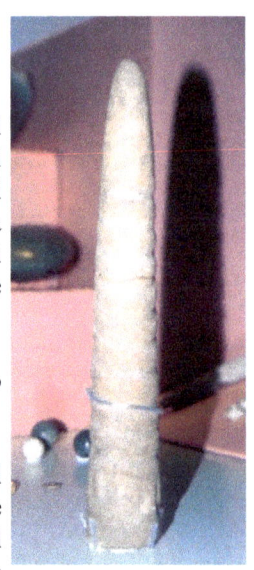

Foto - La pietra scolpita a spirale trovata all'interno del tumulo di passaggio di Newgrange, in Irlanda.

I vortici non sono piatti. Sono come punti chakra multidimensionali. Le pietre collocate sui chakra terrestri possono aiutare a facilitare il trasporto delle energie della Terra, portando all'omeostasi e creando anche portali per le manifestazioni interdimensionali. Il flusso, verso l'alto o verso il basso, è un vortice terrestre che normalmente tira verso il basso e che viene attirato da un menhir che si trova su un incrocio di linee d'acqua.

Lo stesso effetto si verifica quando posizioniamo una Torre di potere su un vortice discendente nel nostro giardino. Si tratta di applicare una moderna "ingegneria megalitica" quando installiamo queste torri. Possono essere utilizzate per tenere sotto controllo lo stress geopatico dovuto allo scorrimento dell'acqua sotterranea, per dare energia alle piante del giardino e per migliorare il feng shui generale di un luogo.

Ma i vortici scorrono sempre verso il basso? Alcuni vortici possono essere in coppia, verso l'alto e verso il basso, con la possibilità di fluire in entrambe le direzioni in momenti diversi o anche contemporaneamente.

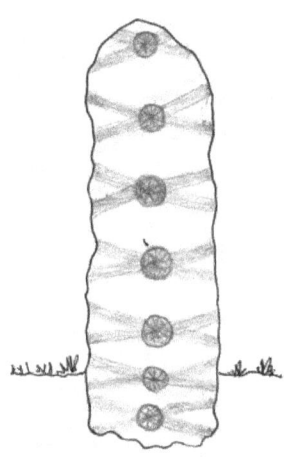

Un fenomeno poco conosciuto è la presenza di una linea verticale di piccole dimensioni che corre lungo la linea mediana centrale dei menhir. Analogamente a quanto avviene nell'uomo, questi sette punti detti "chakra" possono essere rilevati con la radiestesia lungo la loro lunghezza e sotto di esso. Sembrano essere punti in cui le due linee dei vortici ascendente e discendente si incrociano. Questi vortici sono stati descritti anche come una serie verticale di coni di forze collegate, con polarità alternate.

I "chakra" si trovano anche sulle torri di energia, dove le linee di energia a spirale che si incrociano in alto sono le cosiddette "porte dell'energia". Sono i punti di maggiore influenza, dove le energie entrano ed escono più intensamente. Una porta energetica della Power Tower potrebbe essere equivalente ai punti energetici che si trovano sulla quinta e settima fascia energetica associata ai vecchi menhir.

Linee geodetiche

I maestri di feng shui di un tempo, così come i rabdomanti di oggi, rilevano sulla Terra correnti energetiche che emergono dal terreno e scorrono sinuosamente attraverso essa. Le linee geodetiche sono state paragonate a serpenti e draghi nel passato e ciò non sorprende quando le loro forme serpentiformi sono riscontrate dalla radiestesia o dalla chiaroveggenza. Scorrendo secondo i principi della dinamica dei fluidi, come ha sottolineato il radiestesista britannico Jim Lyons, secondo la tradizione del feng shui essi ravvivano il paesaggio. I cinesi le chiamano Linee del drago (lung mei).

I menhir si trovano spesso posizionati lungo le linee geodetiche. Underwood ha scoperto che se sono presenti due o più pietre di confine, queste non solo coincidono con il confine effettivo, ma seguono anche le linee geodetiche che seguono tale confine.

Underwood ha riscontrato una situazione simile con le pietre a conca.

Non solo marcano la presenza di sorgenti cieche, ma ha anche riscontrato che le pietre a conca sono posizionate lungo le linee geodetiche formando una spirale delle stesse dimensioni di un menhir. Ha anche riscontrato che il canale che porta via l'acqua in eccesso segna il punto di uscita della la linea geodetica.

Alcune linee geodetiche sono enormi e lunghe. Gli esempi più noti sono le cosiddette Michael and Mary Lines che attraversano gran parte dell'Inghilterra, percorrendo in diagonale dalla punta della Cornovaglia fino alla costa dell' Inghilterra orientale. Hamish Miller e Paul Broadhurst sono stati i primi radiestesisti moderni a tracciare questa possente coppia di linee di drago che si intrecciano tra loro, incrociandosi lungo il paesaggio. Hanno scritto delle loro scoperte in The Sun and the Serpent.

Si scoprì che il punto in cui le correnti terrestri yin e yang si incrociavano era spesso in corrispondenza di nodi importanti del paesaggio, tra i quali molti luoghi sacri, siti e monumenti megalitici. Nella zona di Avebury, ad esempio, i punti di attraversamento sono stati individuati a Windmill Hill, tra le due aree più piccole, nei cerchi interni di Avebury e al centro del vicino sito del Santuario.

Miller scrisse di nodi in corrispondenza di incroci che presentavano forme di pentagramma quando ha rilevato con le sue bacchette. (Ha riferito che le forme cambiavano: all'alba, in maggio 1988, erano come tre forme di stella a dodici punte annidate, una all'interno dell'altra).

Quindi i vortici sono in punti fissi? Il radiestesista John Lamb ha scritto che i nodi di Avebury sono mobili, secondo la radiestesia, (Radiestesia Oggi aprile 2012), con la radiestesia all'equinozio di primavera aveva trovato un nodo situato vicino a The Cove, il piccolo circolo settentrionale. Ma tornando dopo l'equinozio d'autunno, ha rilevato che la posizione del nodo si era spostata a sud-ovest della Pietra dell'Obelisco, a causa, presumibilmente, di una qualche una sorta di deriva stagionale.

Leys

Alfred Watkins, un ricercatore inglese anticonformista degli anni '20, ha scoperto che i siti antichi sono spesso allineati l'uno con l'altro. Egli guardava il paesaggio da un alto punto collinare dell'Herefordshir per individuare e vedere i monumenti e gli elementi naturali del paesaggio allineati insieme. I marcatori dell'allineamento variavano da antichi tumuli a chiese moderne che spesso sono state costruite su siti antichi. Misteriosi massi disseminati lungo il paesaggio sono stati interpretati da Watkins come punti di demarcazione di questi allineamenti fisici su tutta la terra. Egli è stato il primo a chiamare questi allineamenti "ley". Erano sempre rettilinei. Forse sono stati utilizzati come segnali di avvistamento per le osservazioni cosmiche?

In seguito sono arrivati i radiestesisti che hanno scoperto che i percorsi energetici coincidevano con questi allineamenti, sia a terra che in alto nell'aria. Al giorno d'oggi, la terminologia ufficiale della Società di radiestesia chiama questi percorsi energetici aerei Ley energetici, per distinguerli dai percorsi fisici allineati alle linee geodetiche.

Il sistema delle Energy Ley è una rete aerea di linee energetiche lineari di tipo yang, come una ragnatela che si estende su tutto il territorio. A volte pilastri di energia si collegano dall'alto verso i megaliti, i monumenti e i siti sacri sulla terra.

Le pietre marcatrici dei Ley possono trovarsi in corrispondenza di nodi o punti di giunzione di due o più linee di energia. Le pietre marcatrici che vengono toccate da questa energia yang sono a loro volta toccati dalle persone che li visitano per caricarli con le proprie energie.

Energie Dolmen

Il complesso megalitico di Carrowmore, nella contea di Sligo, nell'Irlanda occidentale, è il centro megalitico più grande e più importante al di fuori di Carnac, in Francia. Le sue origini risalgono in parte al periodo compreso tra il 3.500 a.C. e il 500 a.C.. Qui, in un chilometro quadrato (.38 ml2), si trovano circa 30 tumuli in vari stati di degrado (e un tempo potrebbero essercene stati 200 o più). Un tempo erano nascoste sotto tumuli di terra, mentre ora molte sono state messe a nudo e sono ormai erose, composte ormai soltanto da cerchi di pietre scrostate e un dolmen centrale.

Si dice che ci sia un allineamento tra Carrowmore e Tara in Irlanda, che prosegue fino a Stonehenge e alla Grande Piramide d'Egitto. Anche se sembra così su una mappa bidimensionale, tuttavia è un po' diverso quando si tratta di un pianeta effettivamente sferico!

L'autore di radiestesia Michael Poynder è rimasto affascinato dalle energie delle pietre dolmen di Carrowmore che sono state trovate sopra corsi d'acqua sotterranei. Ciò è in linea con i risultati dell'Heritage, il gruppo di sensibilizzazione di Dublino (ora assorbito dalla Scuola dei Druidi). Quando hanno effettuato sondaggi radiestesici a Newgrange e in altri siti, il gruppo li ha trovati "tutti allineati su punti di incrocio di corsi d'acqua sotterranei", ha affermato Keiran Comerford.

Poynder, scomparso nel 2011, ha anche individuato quelle che ha definito "spirali d'acqua" che si innalzano verso l'alto al centro dei dolmen, posizionati sopra l'incrocio di corsi d'acqua sotterranei. Billy Gawnpercepisce con la chiaroveggenza una colonna di energia, un vortice che sale in verticale sopra il centro dei dolmen (così come nei cerchi di pietre).

Foto: Trevethy Quoit - un dolmen vicino a Liskeard, in Cornovaglia.

In realtà, osserva, l'energia scorre in due direzioni: verso l'alto e verso il basso. Linee di energia terrestre che ha osservato tendono ad obbedire alle leggi della dinamica dei fluidi (così come le nuvole), osserva, in accordo con il pensiero scientifico.

La rabdomanzia effettuata dall'autore sui dolmen di Carrowmore ha confermato l'esistenza del vortice centrale a spirale e che queste forme energetiche sono sede di potenti spiriti guardiani. Gli esseri elementali della Terra sono individuabili con la rabdomanzia per i loro campi di energia tipicamente sferici.

Purtroppo, molti dei dolmen di Carrowmore sono stati "restaurati" in modo totalmente indifferente a queste conoscenze; i loro "restauratori" sembrano preoccuparsi solo dell'eventuale effetto visivo per i turisti. Riempire l'interno con l'energia dirompente di cemento e acciaio, preserva il patrimonio ma ne distrugge il potere energetico! Questo è lo stato di insensibilità dell'archeologia irlandese di questi tempi.

Energie del cerchio di pietra

Oltre alle linee d'acqua e alle cupole, i rabdomanti trovano anche energia nei cerchi di pietra. In questi sono state individuate varie anomalie e schemi energetici, compresi i flussi geodetici, le vortici, i nodi di ley, gli allineamenti e le forme geometriche sacre. Le energie a spirale sono una caratteristica comune dei cerchi di pietra in generale e i rabdomanti sono in grado di rilevarle.

Tom Graves scrisse di aver rilevato con un gruppo di radiestesisti, negli anni Settanta, un disegno a cerchi concentrici bidimensionali all'interno del cerchio di Rollright Stones. Alcuni ritennero che potesse trattarsi di una spirale. Un ricercatore successivo, l'ingegnere della BBC in pensione Charles Brooker, descrive il modello del magnetismo rilevato all'interno del Cerchio di Rollright come se formasse una spirale a sette anelli che si allargava verso l'esterno passando per la porta orientale, come riportato in New Scientist (gennaio 1983). Brooker ha anche rilevato leys convergenti nel sito, così come due menhir che hanno emesso forti impulsi magnetici.

Jim Lyons, lo scienziato rabdomante britannico, ha scritto della matrice comunemente riscontrata dai radiestesisti nei cerchi di pietra e dei "punti di agopuntura" del paesaggio. Egli conferma che gli schemi ad anelli si ritrovano ovunque e sono incastonati con linee radiali, come una ruota. Il numero più comune è sei anelli con otto linee radiali. A questo schema si sovrappone un campo sferico, di cui la metà inferiore agisce sotto il suolo.

Lyons riferisce di schemi energetici a ragnatela associati a in associazione con sorgenti bloccate, cerchi nel grano, e anche in presenza di gesso sottostante alla superficie. Anche la rabdomanzia presso le torri di energia può mostrare questa distribuzione a ragnatela.

Foto: Un artista polacco chiaroveggente ha catturato diversi effetti energetici in un antico cerchio di pietra polacco nel dipinto, raffigurante linee bianche, rosa e gialle di flussi di energia radiante che emanano dalle pietre.

Un cerchio di pietre molto energetico è il Cerchio del Cigno vicino a Glastonbury, nella foto pagina successiva. Nonostante abbia solo pochi anni, ha schemi energetici che ci si aspetterebbe di trovare in un antico cerchio. E' così energetico perché completo e intatto, a differenza dei tanti siti antichi che sono stati parzialmente distrutti. Ed essendo animato dal Festival di Glastonbury, è un luogo felice.

Che tipo di effetti hanno le energie delle pietre sacre sulle persone?
Il ricercatore Maxwell Cade sviluppò un elettroencefalografo

ottimizzato per la misurazione delle onde cerebrali, nel suo rivoluzionario studio degli stati alterati di coscienza. Ha riscontrato effetti di alterazione della mente sulle persone presso alcuni megaliti.

Nel corso di diverse visite alle Rollright Stones ha scoperto che le persone testate in prossimità di alcuni menhir tendevano a scivolare facilmente nei ritmi profondi e lenti delle onde cerebrali theta e delta. In questo stato mentale la propria consapevolezza verrebbe sollecitata, il velo verso altre dimensioni potrebbe essere sollevato avendo accesso a poteri di auto-guarigione o creativi. Non c'è da stupirsi che questi siti siano ricchi di storie di percezione nel luogo di esseri ultraterreni e di ottenimento dell'ispirazione divina!

Terreni di Bora in Australia

Nell'Australia orientale esiste un equivalente aborigeno degli henges britannici: sono i siti di danza circolari generalmente conosciuti come bora grounds o, in Queensland, anelli di kiparra. Questi anelli circolari bassi sono fatti di pietre o tumuli di terra (e a volte sono contrassegnati da tronchi), per racchiudere un'area piana e liscia che viene mantenuta libera per il ballo pubblico, il teatro ed eventi musicali (corroboree). I Boras non sono solo associati a eventi sociali e intrattenimento, ma anche a cerimonie di iniziazione. Tra gli esempi vi sono le boras, a forma di cerchio di pietre disposte singolarmente, situate nel Parco Nazionale di Werrikimbe, a nord del New South Wales.

In genere un anello di bora più grande è abbinato a uno più piccolo. Anelli più grandi erano utilizzati per cerimonie generali e pubbliche ed erano collegati da una sacra strada segnata sul terreno, a volte racchiusa in argini di terra che conducono ai terreni più piccoli e sacri per l'iniziazione. A quanto pare i ragazzi camminavano lungo questo percorso di collegamento, che rappresenta la transizione dall'infanzia all'età adulta, fermandosi dove c'erano disposizioni in pietra o effigi di corteccia o di legno che rappresentavano i punti in cui la saggezza tribale veniva trasmessa su di loro. A volte gli iniziati seguivano delle orme (mundoes) scolpite in pavimentazioni rocciose. I ragazzi a quanto pare iniziavano la cerimonia nel locale più grande e terminavano nell'altro anello più piccolo, al quale solo loro e gli uomini iniziati potevano accedere. Purtroppo, nei pochi esemplari conservati visitati dall'autore, il secondo anello più piccolo è generalmente andato perduto.

Al centro di alcuni grandi terreni di bora si trovano depressioni che erano utilizzate come focolari. In altri casi al centro si trovano cumuli di rocce o tronchi d'albero decorati. John Currie ha descritto le cerimonie che si tenevano al Tucki Tucki Bora Ground, nel nord del Nuovo Galles del Sud, intorno al 1875. Un grande fuoco bruciava al centro del terreno principale della bora, che misura circa 20 m (66 piedi) di diametro. Uomini e donne, dipinti in modo vivace con strisce di argilla bianca, si sedevano ai lati opposti del cerchio, cantando tutti insieme, o guardando vari artisti che si esibivano cantando e ballando. La via per arrivare al cerchio più piccolo era lunga circa 100 metri. Oggi ne rimangono solo 14 m, mentre il resto più l'anello più piccolo sono dispersi in un campo di contadini.

Al centro dell'anello di iniziazione più piccolo Currie osservò un grande ceppo d'albero rovesciato, con le radici che si aprono verso l'esterno e decorazioni luminose create con viti rosse spogliate della corteccia per mostrarne il colore (ciò risuona con il simbolismo mondiale dell'albero centrale e sacro omphalos, un soggetto che verrà ripreso quando si parlerà di labirinti). Un vecchio si è seduto in cima a questo albero e parlava ai giovani iniziati, di tanto in tanto gettando a terra ciottoli sacri. L'albero potrebbe essere stato utilizzato anche dai "furbetti" tribali come oggetto fisico di accesso a viaggi sciamanici in altri mondi per entrare in contatto con gli spiriti.

Non sorprende che i terreni di bora, grazie alla rabdomanzia, siano pulsanti di potenti energie. La rabdomanzia individua l'energia ascendente in un vortice con anelli via via più grandi, essendo una linea geodetica emergente dalla terra che si potrebbe definire Linea del Serpente. Questa scorre poi lungo l'asse della spirale discendendo verso il centro dell'altro anello più piccolo, uscendo attraverso un vortice verso il basso.

In occasione della biennale Laura Dance Festival, che si è tenuta durante un weekend a Giugno 2011 nella penisola di Cape York, nell'estremo nord del Queensland, l'autore insieme a circa 500 aborigeni hanno danzato una bora ancestrale. Il vortice terrestre percepito su quel polveroso sito circolare crebbe sempre di più d'intensità con il passare dei giorni.

Il lunedì mattina, mentre il festival stava per essere chiuso, il pendolo ha registrato una straordinaria quantità di energia emessa verso l'alto dalla Terra. Era la spirale terrestre più potente che avessi mai percepito!

Templi del paesaggio

Il disegno a ragnatela che si trova nei singoli siti sacri ha una dimensione più ampia e si manifesta in una rete eterica di connessioni attraverso tutta la terra. I siti sacri sono collegati tra loro in reti geometriche di allineamenti con altri siti, nonché con linee geodetiche e linee aeree di energia. A scala regionale, un tale raggruppamento di siti potrebbe essere definito un Tempio del paesaggio. Come per le connessioni ecologiche in natura, i siti così collegati possono sentire qualsiasi danno fatto a uno dei loro "parenti", anche se distanti, ed essere potenzialmente influenzati negativamente.

Da dove si può iniziare a cercare un Tempio del Paesaggio regionale? L'acqua è un elemento comune per lo sviluppo delle zone geografiche e dei confini locali di molti luoghi sacri, per cui i modelli idrologici spesso possono determinare le posizioni e le connessioni del sito. Un Tempio del Paesaggio potrebbe trovarsi quindi all'interno del bacino idrografico locale - nel bacino d'utenza che in permacultura chiamiamo Bio-Regione.

I vecchi confini e le mappe tribali possono anche essere una guida alla localizzazione di siti sacri. Ad esempio, nella Tasmania meridionale le sorgenti termali di Hastings sono un luogo sacro per tutte le tribù adiacenti e veniva usato per incontri intertribali tra i clan dei vari territori che si incontravano proprio lì.

Avebury è uno dei templi paesaggistici più noti d'Europa. Si tratta di un imponente complesso che si estende per diversi chilometri e comprende non solo il grande cerchio di pietre e i suoi viali, ma anche i siti sacri della collina dei mulini a vento, la collina di Silbury e il tumulo di West Kennett. Sulle sue cime un tempo venivano accesi dei fari all'alba del Primo Maggio.

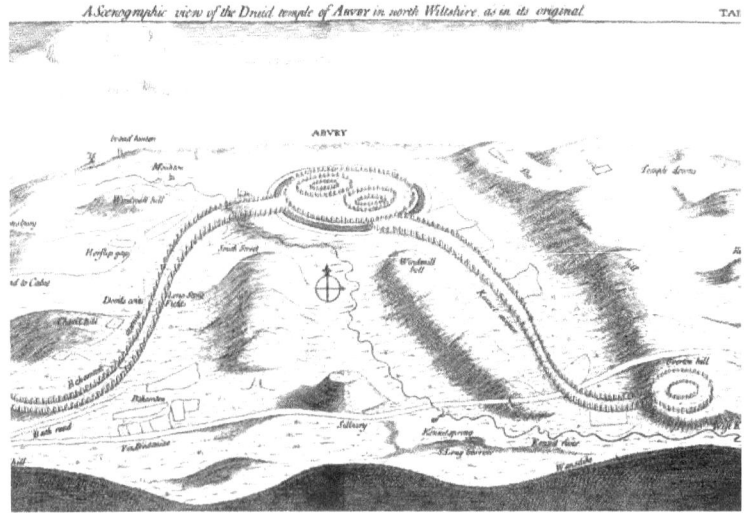

Nel XVII secolo Stukely vide Avebury in una luce nuova. In quel tempo esistevano molte altre pietre, anche se venivano rimosse e distrutte a ritmo serrato. Stukely ha intuito il suo scopo originario e l'ha descritta così (- il suo piano visionario è illustrato). Il Santuario, o Hackpen, rappresentava un'enorme testa di serpente; infatti, l'intero complesso era un "centro di adorazione del serpente". Il serpente ha simboleggiato a lungo la forza vitale e la saggezza della Terra, quindi probabilmente aveva ragione!

Certamente, Avebury faceva parte di un paesaggio rituale di siti usati per cerimonia e pellegrinaggio. Per quanto riguarda il famoso Henge, Hamish Miller ha pensato che "l'energia grezza della Terra era il serpente fecondato dalle forze cosmiche contrapposte del Sole e della Luna, concentrate nel grande cerchio, l'organo generativo dell'intero complesso".

Nella geomanzia degli aborigeni australiani, i paesaggi segnati da importanti caratteristiche come rocce, cime di colline, grotte e simili sono considerate fornire la prova di viaggi mitici di enormi serpenti ancestrali e di altri spiriti totemici durante il Tempo di sogno creativo. Le storie musicali create durante questi viaggi di connessione sono dette Songlines, e spesso si dirigono verso il cielo per entrare in contatto con le stelle.

La tradizione aborigena trova eco nei paesaggi sacri di Avebury. Tale eredità ha una valenza globale. Siamo molto fortunati ad aver ereditato queste pietre di paragone sacre che ci riportano verso una magica connessione con la Madre Terra.

Foto: La roccia di Dingo Dog, una delle tante pietre sacre geomitiche intorno ad Alice Springs, nell'Australia centrale.

Foto pagina successiva: Questa roccia del drago è una delle tante pietre speciali che compongono i bellissimi Giardini cinesi a Darling Harbour, Sydney, Australia, dove il feng shui la fa da padrone!

Capitolo 3: Megaliti e petroglifi

Foto: Petroglifi aborigeni dell'Australia centrale a Ewaninga, a sud di Alice Springs.

L'arte dei petroglifi

In tutto il vasto continente australiano, i motivi di "arte" rupestre più numerosi presso gli aborigeni sono le cupole (note anche come coppelle), i cerchi e gli archi. Queste forme sono i tipi più antichi di petroglifi conosciuti, con una coppia di archi datati circa 40.000 anni fa. Altre forme comuni sono tracce di animali e solchi abrasi.

In tutto il mondo, i petroglifi si trovano incisi su rocce naturali affioranti e massi, oltre che su strutture megalitiche in pietra. Si trovano anche in tutto il mondo le cupole, che sono depressioni a forma di coppa, chiamate anche buche, punti o avvallamenti.

In Australia hanno in genere un diametro di circa 5 cm (2 in) e 3 cm di profondità, spesso si trovano in gruppi numerosi, a volte su superfici rocciose ripide o verticali, e sono tipicamente presenti nei siti sacri. Ad esempio, uno spettacolare rifugio roccioso nelle Kimberleys presenta migliaia di cupole che ricoprono le pareti verticali e il soffitto inclinato.

Foto: Cupole in una sporgenza del Parco nazionale di Mutawintji, nell'estremo sud-ovest del Nuovo Galles del Sud.

La società aborigena non aveva la parola o il concetto di "arte". L'atto di creare petroglifi era più un lavoro rituale che un'espressione artistica. Alla base della credenza c'era l'atto di segnare la roccia con il martello o lo sfregamento, creando avvallamenti e solchi abrasi, che possono produrre l'esaudimento dei desideri. Per questo motivo si trovano tipicamente nei siti sacri, dove si svolgevano cerimonie per l'incremento e il mantenimento del Paese.

Gli spiriti totemici risiedono permanentemente nei luoghi sacri. In questo luogo si invocano i poteri creativi di questi spiriti, al fine di migliorare la fertilità di particolari specie vegetali o animali. In Europa alcune delle cupole sono state spiegate come segni per la danza durante le offerte di fiori e frutta.

Foto: Navi, cervi e cupole adornano un sito petroglifico svedese.

Il tipo di petroglifo a scanalatura abrasa è tipicamente costituito da una serie di scanalature rettilinee e segni di sfregamento delle linee. Sono noti per essere stati prodotti con rituali di creazione durante la pioggia. Si pensa che le tracce di animali sulla pietra siano state realizzate per migliorare la fortuna nella caccia. Quindi, piuttosto che essere "arte", gli antichi petroglifi sono più probabilmente i sottoprodotti di un'azione simbolica.

Le rocce squillanti d'America

Paul Deveraux adotta un approccio ancora più cinetico nel dipanare il mistero delle cupole. Nel suo libro Stone Age Soundtracks, scrive di rocce anulari, pietre naturali presenti in alcuni luoghi sacri, spesso ricoperte da coppelle che, se colpite, facevano suonare campane o tamburi.

La ripetuta percussione della roccia con una pietra usata come martello, durante la creazione delle cupole, avrebbe generato una musica ultraterrena ed echi che possono essere stati interpretati come il richiamo per i deva. Deveraux nota anche che "l'esperto di arte rupestre Jack Steinberger ha proposto che la realizzazione di cupole e scanalature implichi suoni e azioni ritmiche, che di per sé possono indurre alla trance".

Deveraux descrive Bell Rock nella contea di Orange in California (ora al Museo Bowers) a Santa Ana, la più nota delle rocce squillanti, come un masso di sette tonnellate con numerose cupole. Lui ci dice, da un antico resoconto, che "intorno a questo masso gli indiani nativi battendo con mortai di pietra, hanno fatto risuonare il canyon con i toni chiari di questa campana primitiva".

Anche un'altra roccia anulare, nella contea di Tulare, è ricoperta di cupole. Gli indiani yakut di passaggio si fermavano lì e "suonavano le campane", colpendo le rocce prima di proseguire il viaggio.

In un terzo esempio, a Saskatchewan, in Canada, il Petroglifo di Herschel è un sito è associato alla caccia al bisonte. Alla base di una roccia monolitica, sotto il punto in cui un tempo i bisonti venivano spinti giù da una rupe, la roccia è ricoperta con centinaia di cupole, e vi sono state seppellite anche offerte in osso. Pare che il suono di molte cupole che vengono colpite contemporaneamente imiti il suono fragoroso delle mandrie di bisonte al galoppo.

Rituale aborigeno Australiano

La cultura aborigena australiana è la più antica cultura ancora esistente nel mondo e ha molto da insegnarci! Charles Mountford si ritiene che sia stato il primo a comprendere e spiegare la produzione e il funzionamento della percussione delle cupole degli aborigeni in Australia. Negli anni '40 Mountford osservò il processo di creazione di cupole da parte degli uomini aborigeni secondo la tradizione dei Musgrave Ranges, a sud-est di Uluru, nell'Australia centrale.

Mountford descrisse il masso dalla forma curiosa che si diceva fosse presente in quel luogo a rappresentare il corpo del cacatua rosa Tukalili. (Il cacatua era, a quel tempo, un'importante fonte di cibo nella regione). Gli uomini percosserò il masso di Tukalili con piccole pietre durante una cerimonia.

A Mountford è stato detto che questa azione "provoca il rilascio del kuranita (essenza della vita) del cacatua, di cui il masso è impregnato. Questo kuranita, salendo nell'aria sotto forma di polvere, fertilizza le femmine di cacatua viventi, inducendole a deporre un maggior numero di uova".

Mountford registrò successivamente numerose altre cerimonie di questo tipo che comprendevano lo sfregamento di superfici rocciose a scopo di incrementare e infondere ritualmente lo spirito del luogo nel paesaggio più ampio.

Petroglifi cosmologici

Le scanalature abrase potrebbero aver avuto anche funzioni calendariali, afferma Hugh Cairns, che, insieme all'anziano di Wardaman Bill Yidumduma Harney, ha scritto il primo libro sulla cosmologia aborigena. Cairns ritiene di aver scoperto schemi di scanalature che suggeriscono come segnare il tempo in base alle fasi lunari.

Cairns ha avuto sentore per la prima volta sulle possibili spiegazioni astronomiche di alcune petroglifi negli anni '70, quando insieme alla guida esperta John Lough si recò a visitare migliaia di esemplari sparsi in tutta l'aspra regione montagnosa di arenaria dell'area del Parco Nazionale di Kuringai, a nord di Sydney. Lough aveva già effettuato dei sopralluoghi per conto del dipartimento delle autostrade, prima di importanti lavori stradali. Ha portato l'autore in molti di questi siti all'inizio degli anni Ottanta.

Un gruppo di cupole incise viste da Cairns nel Parco Nazionale di Kuringai corrispondeva "quasi esattamente agli schemi di Orione e Scorpius e questo lo spronò a ulteriori ricerche sulla cosmologia aborigena. Nel 1979 ha trovato la Pietra delle Stelle, che presenta un motivo a cupole di Scorpius. Indica la direzione in cui si vede la costellazione a metà anno. E nelle vicinanze, la Pietra del Calendario presenta due serie di cupole che sembrano corrispondere alle fasi lunari, accanto a un motivo che ricorda le Iadi.

Resti della lingua aborigena riportano diversi nomi di stelle. Ci sono parole per Pleiadi, Orione, Croce del Sud, Scorpione e le nubi di Magellano. Senza dubbio esistevano anche altre parole, ora perdute.

Incisione aborigena australiana presso il Basin Track nel Kuringai Chase National Park, vicino a Sydney. L'astro-archeologo Ray Norris ritiene che possa rappresentare un'eclissi lunare, con un uomo-luna che oscura la donna-sole (o viceversa) come spiegazione dell'evento. Le forme a mezzaluna si trovano spesso nelle numerose incisioni sulla morbida pietra arenaria. Anche se un tempo si pensava che rappresentassero un boomerang, in realtà non sono affatto a forma di boomerang, ma sembrano mostrare la luna crescente.

Il cielo notturno ha fornito mappe di navigazione per le popolazioni indigene, in tutto il mondo. I movimenti di alcune stelle hanno segnato il tempo anche per alcuni eventi della vita umana. I Wardaman, ad esempio, hanno le loro linee di canto del cielo - percorsi narrativi epici che attraversano il cielo notturno, collegando la Terra e il cosmo e fornendo i tempi per la preparazione delle cerimonie. La tradizione riporta che una serie di potenti esseri spirituali vagano nel cielo sopra gli Wardaman e le loro avventure sono messe in scena ogni anno durante le linee di canto.

A Cairns è stato detto che un'eccezionale linea di canto emana dalle Pleiadi. Si unisce a un'altra linea proveniente dal Leone, patria del Cane della Creazione (uno spirito dingo) e inizia ad aprile. Si sposta poi verso la Croce del Sud. La linea delle Pleiadiani è quella attraverso la quale è prevista l'educazione dei giovani e l'iniziazione, in vista delle cerimonie di ottobre, prima che arrivi la stagione delle piogge. Si raccontano storie simili associate alle stelle anche nel resto dell'Australia.

Cairns ha trovato altre cupole e segni che suggeriscono modelli di stelle e di fasi lunari a Mutawintje e nella vicina Panaramittee, nell'estremo sud-ovest del Nuovo Galles del Sud. Nell'Australia Occidentale, a Cairns sono state mostrate prove di osservazioni astronomiche, tra cui un sito in cui sono presenti incisioni rupestri che ne "Includono una che rappresenta un punto cruciale. Si trova a meno di un metro da un pilastro, quest'ultimo posizionato con la funzione di mirino. La sua forma si adatta esattamente a un mirino anteriore perfettamente scanalato. Se li si allinea in questo modo si trova la direzione dell'ovest, cioè il tramonto della luna", ha scritto.

In India alcuni petroglifi mostrano anche motivi astronomici. Un quadrato sulla roccia simile a un tavolo con la parte superiore inclinata, esaminata da un'équipe della Università di Hyderabad, mostra delle coppelle di epoca megalitica che paiono rappresentare la costellazione dell'Orsa Maggiore, nota anche come Ursa Mandala maggiore e

Saptarshi in India. Potrebbe essere la prima rappresentazione di una mappa stellare nel Paese, hanno riferito nell'aprile 2006.

Lo schema delle cupole mostra un rettangolo e una formazione a coda di tre tazze/stelle. Questo schema di stelle è stato a lungo utilizzato dai viaggiatori e dai viaggiatori per mare che li usavano come indicatori della stella polare per identificare il nord esatto. (L'orsa maggiore è presente anche nell'Australia settentrionale, dove è un'importante costellazione per i Wardaman e sede di alcuni dei loro esseri totem).

Il sito del megalite indiano ha una "somiglianza con Stonehenge in Inghilterra" e ospita altre mappe stellari petroglifiche. Ci sono alcuni Menhir alti fino a 4,2 m (14 piedi), mentre centinaia di Menhir più piccoli sono sparsi sui campi coltivati del villaggio di Mudumula, nel Distretto di Mahabubnagar dello stato di Andrah Pradesh.

A Lascaux, tra le famose pitture rupestri della Francia centrale, si trovano disegni di stelle dipinti circa 16.500 anni fa. Vicino all'ingresso si trova un magnifico dipinto di un toro e "appeso sopra la sua spalla c'è quella che sembra essere una mappa delle Pleiadi, l'ammasso delle stelle a volte chiamate le Sette Sorelle", ha affermato il dottor Rappenglueck, dell'Università di Monaco, riportato da BBC News Online (9-8-2000). Rappenglueck ritiene che le pitture rupestri di Lascaux (ed alcune in Spagna) di 14.000 anni fa potrebbero essere la prima prova dell'interesse dell'umanità per le stelle.

La regione delle Pleiadi è tuttora associata ai tori - fa parte della Costellazione del Toro. Le Pleiadi, che lasciano il cielo settentrionale in primavera e ricompaiono in autunno, segnano ancora oggi il tempo per la semina e il raccolto per molti agricoltori di tutto il mondo, nel settore agricolo di tutti e due gli emisferi.

Mentre le cupole sono presenti da circa 30-40.000 anni o più in Australia, potrebbero risalire a centinaia di migliaia di anni fa in Africa, Europa e India, secondo il ricercatore Robert Bednarik. Il Nord America ha il suo stile di "arte" rupestre "pit-and-groove", spesso trovato come gruppi esclusivi di cupole isolate, e si pensa costituiscano il più antico tipo di petroglifi presenti.

Petroglifi a coppa in Gran Bretagna

In Gran Bretagna i petroglifi a coppa e ad anello sono piuttosto numerosi, in particolare tra Yorkshire e la Scozia settentrionale, anche se se ne trovano alcuni anche in Derbyshire. Si trovano a grappolo su pietre di tutte le dimensioni e su rocce nelle grotte, su tumuli a camera e souterrains (sotterranei). Alcuni pensano che questi petroglifi avessero la funzione di simboli di protezione magica.

I petroglifi britannici si trovano spesso associati ai confini di antichi insediamenti e le forme comuni sono talvolta presenti anche sulle ceramiche. Nelle aree in cui si trovano zone di rituali su larga scala, i petroglifici avevano la funzione di segnare i principali percorsi di accesso all'area rituale.

Mike Haigh, scrivendo sulla rivista Northern Earth, descrive come "lungo il percorso principale verso il bacino di Milfield, nel Northumberland, è stato riscontrato che ogni principale roccia decorata è disposta in modo tale da essere visibile dal gruppo di rocce successivo; in tal modo i viaggiatori sono guidati attraverso questo importante complesso di Henge".

In genere, il simbolo di una coppa britannica è un piccolo incavo, rotondo o a volte di forma ovale e di dimensioni comprese tra 12 mm (0.5 pollici) e 15 cm (6 pollici) di diametro. I motivi a coppa-anello veri e propri sono molto più rari e potrebbero rappresentare un'elaborazione successiva alla coppa a cupola semplice. Gli anelli intorno alle coppe presentano tipicamente una scanalatura che li attraversa, proveniente dalla coppa.

Dall'osservazione dei segni presenti sulle rocce a coppa che hanno un solco che si dirama da una cavità centrale, il rabdomante Michael Cook ha scoperto che "se si mette un bastone nella scanalatura e uno in piedi nell'anello e li si allinea, guardando da dietro di essi si troverà indicato un altro sito sacro, o un elemento importante lungo l'orizzonte".

La radiestesia dei petroglifi

Un altro ricercatore, il rabdomante David Cowan in Scozia, ha descritto nei suoi libri i segni delle coppe-anello del Perthshire. Nel settembre 2006 mi ha mostrato il suo megalite preferito, una grossa pietra reclinata che si trova in un campo sopra una linea di faglia - l'Highland Faglia di confine (nella foto della pagina successiva). "Questa ha una posizione che è tipica per tutte le pietre con petroglifi nel paese delle Highlands, con sottosuolo caratterizzato da molte faglie", mi ha detto.

"C'è una spirale di energia che sale in questa pietra", ha detto, "ed è da lì che trae la sua energia". La pietra è ricoperta da circa 60 segni coppa-anello che sono stati datati a circa 4.000 anni di età. Con la radiestesia, Cowan ha scoperto linee energetiche che si dipartono dai petroglifi di pietra e si estendono su una vasta area, per chilometri. Il disegno presente sui petroglifi è spesso di tipo speculare e potrebbe rappresentare un'immagine virtuale della mappa delle energie della regione.

Le cupole erano così debolmente segnate che se non mi avessero mostrato i segni non credo che li avrei potuti individuare. "Trent'anni fa, quando ho iniziato a interessarmi all'argomento, i petroglifi erano molto evidenti su questa pietra. Ora stanno diventando molto meno visibili, senza dubbio a causa degli effetti delle piogge acide", mi ha detto.

Cowan ha scoperto che se si scalpella su una pietra un segno a coppa e ad anello, con una scanalatura che parte dal centro, e poi la si posiziona, correttamente orientata secondo la radiestesia, accanto a una casa che è affetta da energie nocive, questa pietra ha davvero un effetto protettivo!

Sebbene lo scopo degli antichi petroglifi non possa mai essere completamente conosciuto, si può dire che essi siano la più antica espressione a livello mondiale di connessione dell'umanità con l'ambiente e con tutte le sue dimensioni, attraverso rituali e interazione simbolica con la pietra.

In Svezia, si dice che i petroglifi simboleggino barche dei morti probabilmente il viaggio nell'aldilà. Cerchi di pietra a forma di barca sono stati rinvenuti anche in antichi luoghi di sepoltura svedesi.

Capitolo 4:
Creazione di arredi in pietra

Foto: Una scultura moderna di Donato Rosella in una rotatoria a Lismore, nel nord del Nuovo Galles del Sud, in Australia.

Riscoperta del cerchio di pietra.

Dalla fine degli anni '70 l'arte della costruzione di cerchi di pietra ha goduto di un'attenzione particolare e ha vissuto una nuova rinascita. Dall'Europa al Nord America e all'Australia, le persone stanno riscoprendo il fascino estetico e l'amore per queste strutture come espressione sacra di arte ambientale e rituale della Terra. Vogliono che i loro cerchi siano riconosciuti come marcatori astronomici per gli allineamenti tre il cielo e la terra, e che siano riconosciuti come spazio sacro in cui condurre cerimonie o connettersi con i regni ultradimensionali. Il cerchio stesso ha da tempo simboleggiato uno spazio sacro e protetto.

Uno dei primi cerchi di pietra di dimensioni complete realizzati in epoca moderna è stato nel 1991 a Glen Innes, nel Nuovo Galles del Sud, in Australia. Ora considerato probabilmente il più spettacolare dei cerchi moderni, le sue pietre si innalzano da 3,6 m (12 ft) a 4,5 m (15 ft) dal suolo e pesano tra 15-30 tonnellate ciascuno. Il cerchio è nato come progetto comunitario per onorare l'eredità celtica dell'Australia, un'idea nata nel 1988, quando il Consiglio Celtico dell'Australia decise di erigere un monumento nazionale in onore di tutti i Celti che sono arrivati qui. La città di Glen Innes fu così selezionata per le Standing Stones australiane, che sono ispirate all'anello scozzese di Brodgar, nelle Orcadi. L'amministrazione comunale si è fatta carico del progetto con tutto il cuore.

La regione rocciosa di Glen Innes è stata perlustrata alla ricerca di 40 graniti monolitici adatti. La maggior parte di essi ha dovuto essere estratta dal sottosuolo, ogni pietra ha un peso medio di 17 tonnellate. Gli sponsor sono stati invitati a contribuire ciascuno con 1.000 dollari per le spese e nel giro di due settimane tutti i fondi necessari sono stati reperiti. E' stato così eretto un cerchio di 24 pietre, una per ogni ora del giorno. Ci sono anche quattro pietre cardinali che segnano le direzioni e altre sette pietre che segnano i solstizi, il periodo più lungo e quello più corto dell'anno, oltre a tre "pietre guida" che aiutano a indicare la Croce del Sud. Dopo un enorme sforzo di volontariato le pietre, situate nel Parco del Centenario, sono state ufficialmente inaugurate nel febbraio 1992. Ogni anno, il primo fine settimana di maggio, questa è la sede del festival celtico australiano.

Il druido inglese Ivan Macbeth è considerato uno dei massimi esperti a livello mondiale nella costruzione di cerchi di pietra (ora risiede nel Vermont, USA). Nel 1992 ha contribuito alla costruzione del suo primo e più famoso grande cerchio di pietre, il Cerchio del Cigno, che si trova a Worthy Farm, sede del Festival di Glastonbury nel Somerset, Regno Unito. Per adattarsi al meglio al sito, il cerchio è in realtà un uovo con l'asse maggiore che si allinea al sole dell'alba nel giorno più lungo dell'anno. Inoltre, incorpora pietre che rappresentano la costellazione del Cigno, poiché è stato ispirato dalla vista di sette cigni che volano in formazione sopra il campo durante la fase di pianificazione.

In America, Rob Roy ha costruito cerchi di pietre neomegalitici dalla fine degli anni '70. I visitatori si meravigliano della pietra del cancello - alta 1,8 m (6 ft) e con un peso di circa 1.360 kg (3.000 lb). Roy, autore di un approfondito libro sull'argomento, cura anche una rivista biennale per i costruttori di cerchi di pietre e gestisce un sito web sull'argomento (bigstones.com). Una foto del sito megalitico australiano Standing Stones compare sulla copertina del libro di Roy Stone Circles.

Roy preferisce utilizzare dodici pietre nei suoi Cerchi di grandi dimensioni, il che, a suo dire, è anche il numero di pietre più comune nei cerchi di pietre britannici. E gli piace usare pietre molto grandi! Ma non è necessario pensare sempre in grande per ottenere buoni risultati!

Piccoli cerchi per il giardino

L'agricoltore naturale e autore statunitense Harvey Lisle è stato probabilmente il primo a scoprire che piccoli cerchi di pietre possono portare benefici a giardini e fattorie. Lisle ha posizionato delle pietre in piccoli cerchi intorno ai tronchi degli alberi, che in seguito sono cresciuti o guariti.

La pacciamatura con pietre è utile anche per molte ragioni: aiuta a trattenere l'umidità, a rimineralizzare e a regolare la temperatura del terreno, a prevenire l'erosione del suolo e i danni causati da parassiti o animali domestici, ecc. In più l'energia speciale che si crea quando le pietre sono disposte appositamente in cerchio è veramente formidabile! I cerchi di pietre possono davvero esaltare i valori energetici di un luogo e apportare effetti benefici che possono essere di vasta portata.

Lisle colloca i suoi cerchi di pietre paramagnetiche a una distanza compresa tra 30 cm (1 ft) e 90 cm di distanza dai tronchi degli alberi. Utilizza una quantità di otto pugni doppi di rocce paramagnetiche circa intorno all'albero con ghiaia di diametro verso l'alto crescente. Queste sono posizionate in allineamento con i quattro punti cardinali, con un'altra pietra tra ciascuno di essi. Un cerchio creato con quattro "doppi pugni" di roccia è sufficiente per un arbusto più piccolo o una pianta di bacche.

"Quei cerchi di pietra intorno ai miei alberi da frutto emettono schemi a bassa energia e dato che ora ho più di 100 cerchi di pietre nel mio frutteto, la loro energia lo attraversa e si trova ovunque nel frutteto", ha scritto. I suoi alberi da frutto, che erano in difficoltà, sono diventati rigogliosi.

Foto: A Esperance, nell'Australia Occidentale, hanno avuto la fortuna diacquistare pezzi di granito rosso locale con cui realizzare splendide aiuole per il giardino comunitario. La roccia è leggermente paramagnetica e l'intero giardino ha una vibrazione meravigliosa!

Creare cerchi sacri

Per chi ha una mentalità eco-spirituale, le composizioni in pietra possono fornire meravigliosi spazi sacri per l'uso di rituale. Possono essere molto semplici. È quello che succede dentro di loro che è più importante!

Prima di procedere alla sistemazione di una pietra sacra, il sito viene prima accuratamente selezionato, tramite radiestesia o sintonizzazione meditativa. Un sito con potente energie armoniosa sarebbe perfetto per un circolo sacro, ma è necessario ottenere l'autorizzazione dagli spiriti del luogo prima di procedere. Se il cerchio ha funzioni astronomiche, è necessario accertarsi che il sito abbia campo visivo aperto all'orizzonte e che non venga bloccato.

Iniziate a scoprire - con la radiestesia è più facile - dove si trova il punto più adatto per posizionare il centro del cerchio. È possibile che si tratti di un vortice terrestre, che può funzionare come portale energetico. In piedi su quel punto con i piedi nudi, entrare in uno stato mentale meditativo, in cui la vostra sensibilità sia stimolata. Presentatevi sul posto, e mettete una piccola offerta in quel punto ponendo l'offerta ad alta voce o in silenzio. L'offerta può anche essere semplicemente un fiore o un sassolino. Visualizzate ciò che intendete fare in quel luogo. Chiedete agli spiriti del luogo se il vostro progetto di cerchio è per loro accettabile. Attendere una risposta. Quando il permesso viene concesso, ringraziate e onorate il luogo o i suoi esseri.

Il sito può quindi essere purificato e benedetto, utilizzando tecniche quali visualizzazioni, canti, pulizia con incenso, utilizzo di bacchette di cristallo, suoni armonici o canti. Per Selena Fox, costruttrice americana di cerchi di pietra, questa purificazione inizia al centro e si estende a spirale intorno al sito.

Per realizzare un cerchio sacro all'aperto, che può essere di qualsiasi diametro, riunire le vostre pietre, avendo prima ottenuto il permesso dalle pietre stesse prima di acquistarle o prelevarle! È una buona idea scegliere pietre delle stesse dimensioni delle pietre esistenti nel sito selezionato. Stabilire se si desidera avere una pietra come altare centrale, o come sedile per la meditazione, o come fuoco al centro, oppure non avere niente in assoluto. (Gli antichi cerchi di pietre britannici raramente hanno una pietra d'altare centrale).

Un metodo semplice per realizzare un cerchio di pietre è riassunto come segue:
* Trovate il punto centrale della circonferenza (idealmente, ma non necessariamente, un punto in cui viene emesso il vortice del Chakra della Terra) e preparate il sito ripulendolo fisicamente e psichicamente.
* In questo punto si inserisce un picchetto di legno provvisorio.
* Collegare una corda della lunghezza del raggio desiderato per il cerchio. Tendete completamente la corda, poi camminate con essa intorno al centro, controllando con una bussola per la localizzazione dei punti cardinali. (Tenete presente il nord geografico che non coincide con il nord magnetico).
* In ognuno dei quattro quarti posizionate le quattro pietre migliori o più grandi. La costruzione avviene tradizionalmente in senso solare, cioè in senso orario nell'emisfero settentrionale e in senso antiorario in quello meridionale. Orientate o allineate ogni pietra del Cerchio in base a considerazioni estetiche o grazie alla radiestesia. Ciò che sembra o si sente giusto, probabilmente è giusto!
*Si potrebbe desiderare realizzare un semplice cerchio di quattro pietre, altrimenti, per avere un anello a otto pietre, posizionare una pietra equidistante tra ognuna delle quattro pietre cardinali. Oppure ancora due pietre equidistanti tra le quattro, per ottenere un anello a dodici pietre. Oppure infine tre pietre intermedie per un cerchio di sedici pietre.
* Si può desiderare di collocare una pietra più grande o più speciale nella parte centrale. In tal caso posizionarla dopo aver rimosso il piolo di legno. Questa roccia potrebbe essere posizionata come seduta per la meditazione.
* Cercate il punto più adatto per l'ingresso/uscita nel/dal cerchio e usate sempre quello! Rendete questo punto evidente, ad esempio collocandovi un paio di rocce in più.
* Utilizzando sistematicamente la radiestesia in tutte le fasi della sua costruzione durante il lavoro di sistemazione delle rocce, potrete ottenere facilmente gli stati alterati di coscienza necessari per un buon rituale.
* Benedire e esprimere intenti al cerchio di pietre appena conclusa la costruzione.

Mini cerchi di pietra

"Non c'è limite alle dimensioni delle pietre che si possono utilizzare. Un cerchio di pietre può essere realizzato con grandi pietre o piccoli ciottoli", dice Ken Ring. Altri sono in accordo e quindi chiunque può sperimentare le energie di un cerchio di pietre in prima persona, che sia in giardino o sotto forma di sassolini disposti su un tavolo di casa.

Che tipo di pietre sono adatte? Possono essere utilizzati tutti i tipi di pietre. Lavare i ciottoli con semplice acqua è una buona idea. Verificate le rocce offerte dalle cave locali più vicine. Chiedete sempre prima alle pietre, ad esempio con la radiestesia, se desiderano lavorare con voi!

Se avete spazio per un paio di cerchi, potreste desiderare creare un effetto dinamico mettendo due tipi di pietre differenti. Un tipo potrebbe essere fatto di roccia basaltica paramagnetica, vermiculite, granito rosso, ecc. e un secondo di quarzo bianco (come quello della foto) o di granito diamagnetico. (Le pietre paramagnetiche hanno una debole attrazione per un magnete, le pietre diamagnetiche ne sono debolmente respinte). Avrete così un cerchio di pietre yang e uno yin con energie complementari. È interessante sentire i loro diversi effetti sottili quando si percorrono ritualmente questi cerchi. L'energia yang è in genere stimolante, mentre l'energia yin ha un effetto più calmante.

Su scala ancora più ridotta, un piatto circolare o un vassoio di sabbia può essere la base perfetta per un mini cerchio di pietre. Con la radiestesia puoi trovare il miglior punto energetico per posizionarlo. Altrimenti va

bene qualsiasi punto. Utilizzando una bussola puoi trovare le quattro direzioni, disponete poi altre pietre per ottenere un cerchio di otto o dodici sassi e non spostate più il piatto. Posizionate quattro pietre, le più grandi o le più evidenti, nei punti cardinali e poi una o due tra di esse.

E ora giochiamo! Potreste provare a sentire il campo di energia sferica che si genera dal cerchio. Scoprite quanto si irradia in tutte le direzioni.

Chiedere, con la rabdomanzia, di trovare un punto di ingresso/uscita. Utilizzate il dito indice o il palmo della mano per fare una meditazione "camminata" sul cerchio di pietra. Iniziare la scansione dell'energia dal punto di ingresso, quindi seguire il cerchio mentre il proprio dito o la mano gira lentamente intorno al cerchio alcune volte, appena sopra le pietre.

Potreste avvertire l'energia come un ronzio o un formicolio al dito o al il palmo della mano mentre traccia il cerchio. Potreste sentire un'energia all'ingresso del cerchio, o tra un cerchio di quarzo e uno di basalto. Potreste anche scoprire che è possibile raggiungere uno stato alterato di coscienza più facilmente attraverso questa attività e che la vostra la meditazione potrebbe esserne potenziata.

Se siete interessati all'astronomia, potete usare il vostro cerchio per mettere in relazione la vostra posizione con quella dei corpi celesti sovrastanti. Un buon libro per la spiegazione di questo aspetto, e orientata all'emisfero meridionale, è quella del neozelandese Ken Ring, che è affascinato dagli antichi cerchi di pietre britannici e usa la sua conoscenza dei cicli lunari per prevedere il tempo.

Per quanto riguarda il potenziale di guarigione, una pianta malata apprezzerà il fatto di essere circondata da pietre per qualche giorno e potrebbe riacquistare la salute. Potreste sentire che il vostro benessere migliora sedendovi regolarmente all'interno di un piccolo cerchio di pietra per alcuni intervalli di tempo. Si può anche energizzare un bicchiere d'acqua mettendolo per un po' di tempo all'interno del vostro cerchio. Sperimentate!

Monoliti da giardino

All'inizio del periodo di piantagione, in primavera, secondo la tradizione sudamericana i contadini tirano fuori le pietre sacre intagliate che rappresentano la Terra Madre Pachamamma e la collocano nei loro campi, in modo che possano vegliare beneficamente sulle colture.

Allo stesso modo, in Nuova Zelanda, le "Pietre di Dio" intagliate, come il pezzo da museo nella foto, venivano un tempo collocate cerimoniosamente nei campi prima della primavera nel periodo della semina delle colture Maori, in particolare della patata dolce. Rongo, dio dell'agricoltura, poteva quindi usare il sito delle pietre come sede, osservando e proteggendo i raccolti durante la stagione di crescita.

Rongo ha gli occhi grandi per questo e il suo corpo di pietra ha la stessa forma dei grassi tuberi di kumara, come si desidera che questi diventino. La sua associazione con la virilità è anche ovvia. La patata dolce proviene dall'America del Sud, e quindi il suo nome ha origine da lì, diffusa nella vasta regione polinesiana dove è stata raccolta centinaia di anni fa dai navigatori cinesi che avevano circumnavigato il pianeta nel XV secolo.

La mania dei cristalli di quarzo che ha travolto l'Australia negli anni Ottanta ha modificato la conoscenza di molte persone sui poteri intrinseci delle pietre. Molti di questi cristalli sono stati collocati in aiuole da giardino, con ottimi risultati nel miglioramento della crescita delle piante. Ma ciò che la gente non ha capito è che la medesima interessante energia può scaturire da un'attenta collocazione di piccole e abbastanza ordinarie rocce dall'aspetto simile. Queste rocce non devono essere estratte, come si fa in Brasile, da dove provengono molti cristalli, ma basta raccoglierle e sono disponibili.

All'inizio degli anni '80 Gerald Makin, della Tasmania, non riusciva a ottenere nulla con il giardinaggio. Ma quando scoprì la radiestesia, lesse con grande interesse scritti riguardanti le antiche culture dei megaliti. La radiestesia ha indicato a Makin che sarebbe possibile aumentare la fertilità del suolo collocando una pietra nel suo giardino. Con la radiestesia determinò quale pietra sarebbe stata adatta allo scopo. Ha individuato una posizione per la pietra, a distanza, interrogando la mappa del giardino, individuandone anche la profondità e l'orientamento, e poi ha provveduto all'allestimento.

Come risultato di questo posizionamento della pietra, Makin ha successivamente rilevato una linea di energia geodetica che va dalla sua pietra a un giardino vicino, dove un'anziana amica della Cornovaglia aveva una pietra eretta. (Lei era esperta di un'antica e segreta tradizione di geomanzia, cosmologia e magia della Cornovaglia).

Le cose hanno iniziato a cambiare, tuttavia, solo dopo che diverse altre pietre sono state erette e le linee energetiche hanno attraversato il mezzo acro (2.000 m2) di terreno. A quel punto la pietra originale irradiava circa 30 linee energetiche, mentre una spirale di energia che si era formata intorno ad essa riempiva tutto il giardino.

Accanto a ogni aiuola ha collocato una piccola pietra, più di 30 in tutto, per trasportare e trasmettere le energie della Terra. Da quel momento in poi, il giardino di Makin ha cominciato a fiorire come mai prima d'ora!

Più recentemente i radiestesisti hanno riscontrato risultati energetici simili utilizzando pietre monolitiche isolate. Nel 2012 la radiestesista Linda Prenter ha scritto riguardo alla rabdomanzia delle energie intorno a una piccola composizione di pietre in un giardino. Si trattava di un lingam e di una coppia di pietre yoni provenienti dall'India (simili ai lingam nella foto). Il lingam, del peso di circa 2,5 tonnellate e che raggiunge un'altezza di 1,5 m, rappresenta il fallo del dio Shiva; insieme alla yoni, sono l'inseparabile yang e yin della creazione. Ci si aspetta quindi la presenza in quel luogo di energie stimolanti!

In effetti Prenter ha percepito 12 linee di energia a spirale che vorticano intorno a questa composizione, come una molla dell'orologio, scorrono in senso antiorario verso l'interno e in senso orario verso l'esterno del lato sud delle pietre. Quattro linee radiali rettilinee di energia incrociano le pietre. Ecco di nuovo il vecchio disegno della ragnatela! Dato che gli attuali proprietari non sono rabdomanti o radiestesisti si può comunque supporre che queste energie siano state prodotte in seguito alla posa delle pietre in un recente passato.

Le moderne Power Towers, ispirate alle Round Towers irlandesi, sembrano prendere il posto degli antichi menhir. Si ritiene che abbiano gli stessi tipi di schemi energetici dei menhir, essendo anch'esse situate sull'incrocio di linee d'acqua.

Idealmente realizzati con roccia basaltica frantumata e versata in un tubo o equivalente, possono essere realizzati anche con mattoni rossi impilati (come nella foto) e vasi di terracotta capovolti.

Foto: Alice Khuan, Malaysia.

Realizzare ruote di medicina

Per realizzare una semplice ruota della medicina, come quella qui sopra, potreste sperimentare con un minimo di 12 pietre più una centrale, o individuarne il numero con la radiestesia, oppure utilizzare qualsiasi numero. Seguire l'approccio generale al sacro come per la costruzione di cerchi di pietra.

* Cercare un punto ad alta energia per localizzarlo e fissare il centro.
* Calcolare il numero di pietre necessarie.
* Fare un cerchio di pietre intorno al centro, usando una corda sul piolo.
* Interroga con la radiestesia per il numero e la posizione dei raggi della ruota.
* Segnare i raggi con linee di pietre più piccole.
* Benedite e dedicate la vostra nuova ruota della medicina.

Harvey Lisle è stato un pioniere della ricerca sugli usi moderni di tali ruote medicinali. "Nella mia fattoria", ha detto, "ho delle ruote di medicina posizionate est-ovest con linee di collegamento nord-sud, che stanno alla Terra come i nervi stanno a noi. Dove queste due linee si intersecano, ho costruito la mia Ruota della Medicina."

"Da questa Ruota della Medicina posso controllare una serie di fenomeni sulla mia fattoria. Penso che tutti coloro che amano la propria terra abbiano un posto molto speciale a cui tengono particolarmente, e questo è quello ideale dove stabilire la vostra Ruota di Medicina", ha scritto Lisle, nel 1988. (Le linee che lui indica sono, presumibilmente, quei flussi di energia aerea che oggi si chiamano Energy Leys).

Il rabdomante canadese Henry Dorst ha ottenuto altre affascinanti intuizioni. Le sue osservazioni radiestesiche sulle linee energetiche delle ruote della medicina, vecchie e nuove, sono rivelatrici.

"Dopo aver ispezionato una ruota della medicina in Alberta e aver trovato due linee energetiche che convergevano sul suo centro, ho pensato che i costruttori nativi di questi monumenti li avessero scelti perché avevano in qualche modo rilevato con la radiestesia queste energie. Questa idea mi è stata smentita dopo aver costruito una ruota nuova di zecca e dopo aver aiutato a costruire due labirinti.

"In tutti questi casi, le cupole d'acqua e linee energetiche nuove di zecca e percorribili sono comparse dopo che le persone hanno iniziato a usare queste costruzioni in modo meditativo. In altre parole, la mia supposizione che gli aborigeni nordamericani utilizzassero necessariamente la rabdomanzia - nel modo in cui la intendiamo oggi - per rilevare questi fenomeni energetici prima di allestire un sito per le pratiche sacre, è stato errato", ha scritto.

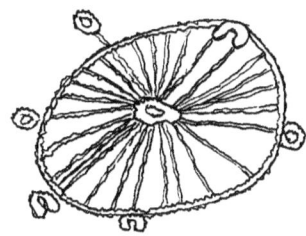

Capitolo 5: Labirinti

Leggende del labirinto

Labirinti, labirinti in erba e città di Troia sono antichi mandala che si trovano in tutto il mondo. Solitamente formati con pietre, erano anche con terra di riporto, piante da siepe e manto erboso. Le forme includono: spirali, croci e svastiche, e ci sono forme quadrate e rotonde. Alcuni, come in Sud America, sono enormi forme di animali labirintici, come creature gigantesche diffuse nell'arida regione del deserto di Nasca.

Un labirinto non è la stessa cosa di un dedalo. Un labirinto ha un solo percorso e nessun vicolo cieco. Unicursal, la via d'accesso è anche la via d'uscita. Non puoi perderti. Il sentiero conduce in modo tortuoso al centro e poi di nuovo fuori.

I labirinti hanno una storia antica. Uno dei più antichi che si conoscono, di 5.000 a.C. in Mesopotamia, è stato creato per onorare la grande dea Inanna. Questo labirinto classico è composto da sette circuiti che conducono al centro. Negli antichi miti, la dea Inanna dovette rinunciare a una parte del suo corpo, mentre scendeva attraverso i sette livelli del mondo sotterraneo. Lì Innana muore, rinasce e torna alla ribalta, rafforzata dal suo viaggio.

Camminare in un labirinto riecheggia il viaggio di Innana ed era paragonato ad un pellegrinaggio agli inferi (o alla mente inconscia) e ad un ritorno alla vita quotidiana. Un viaggio verso il centro più profondo di sé. Eventuali ritorni con una migliore comprensione di chi siamo veramente.

Il labirinto classico ha una forma arrotondata con sette percorsi o anelli. Si presenta a livello globale, dalla Cornovaglia e dal Mediterraneo, all'Egitto, all'India e dalle terre del Nord America agli Hopi. Nella tradizione indiana, si dice che il labirinto a sette anelli rifletta la forma naturale del cervello e gli otto stadi della mente. È anche considerato un simbolo protettivo e utile come strumento di meditazione visiva su cui concentrarsi durante il parto.

Il labirinto cretese, associato al Minotauro dalla testa di toro, è della stessa forma classica ed è stato datato al 3.500 a.C. Anch'esso è associato al viaggio negli inferi. Il viaggio mitico attraverso il labirinto cretese è la ricerca dell'eroe che segue la dea Il filo di Arianna verso l'obiettivo centrale.

La costruzione del labirinto cretese era vista come l'intaglio del divino, la creazione di ordine dal caos. Il suo creatore mitico era Dedalo, l'architetto divino. La nota storia del Minotauro era probabilmente in origine un'iniziazione agli inferi che coinvolgeva il dio Toro, un essere totemico che governava la fertilità terrestre. Una spiegazione psicologica del mito del Minotauro è descritta da Jill Purce:

"Al centro del labirinto a spirale, l'uomo incontra e supera il Minotauro, il 'mostro' della sua natura nascosta, e rinasce a un nuovo stato di completezza".

(Non aspettatevi di vedere un vero labirinto se andate al palazzo del re Minosse a Creta. Il palazzo è grande e tentacolare, descritto anticamente come labirintico. Il mito è nato da questa osservazione, ho scoperto con un certo disappunto).

In America, i labirinti degli indiani Hopi sono spiegati come simbolo della Madre Terra e del Padre Sole. Questi mandala rivelano il piano universale del creatore. La croce al centro rappresenta il Padre Sole e anche l'Albero del Mondo, asse dell'universo. I rituali Hopi di geomanzia con il labirinto rotondo prevedono che i sacerdoti facciano quattro solchi nel terreno per armonizzare la terra con il piano del creatore, ha spiegato Evgeny Faydsh Ph. D (BSD EEG, dicembre 2002).

Insieme a un gruppo globale di persone, tra cui altri scienziati, Faydsh si è recato nei luoghi di potere del pianeta e vi ha costruito labirinti. Secondo Faydsh, un tempo i labirinti erano soprattutto centri di divinazione, usati "per ottenere informazioni dal passato e dal futuro e per connettersi con altre parti della Terra".

Nelle varie epoche, i labirinti sono stati universalmente utilizzati come strumenti per rituali e celebrazioni, dove le persone hanno camminato e danzato, o dove i pellegrini in penitenza hanno seguito i percorsi su mani e ginocchia. In Svezia, dove le vecchie usanze si sono mantenute a lungo, a volte le danze del maypole si svolgono ancora sui vecchi labirinti.

In genere i labirinti hanno tre, cinque, sette o undici circuiti che si seguono, percorrendo i sentieri in avanti e all'indietro prima di raggiungere il centro, un luogo di quiete. Il cervello riceve senza dubbio uno stimolo di bilanciamento nel processo di camminare in una direzione e poi l'altra, come negli esercizi di cross-crawling, mi dice l'intuito.

I labirinti hanno svolto la funzione di portali, di luoghi di viaggio sciamanico per ottenere informazioni, potere o guarigione. L'iniziazione spirituale è notevolmente facilitata al loro interno. Faydsh descrive i labirinti come "gadget psicotronici che interagiscono attivamente con le energie planetarie", i campi informativi, la psiche e l'energia della persona. Lavorare con i labirinti che rappresentano e agiscono come "embrioni di ordine", collegano la realtà quotidiana con i mondi sottili, ha scritto.

Non tutti i labirinti sono abbastanza grandi da poterci camminare dentro. Piccoli labirinti incisi su pietre piatte, tipicamente pezzi di ardesia, erano oggetti sacri che venivano un tempo considerati strumenti magici preziosi per le streghe britanniche. I modelli di labirinto sono stati tracciati con i polpastrelli sensibili al fine di esaltare lo stato mentale per il lavoro magico. Conosciute come Pietre di Troia, erano utilizzate per contattare il mondo degli spiriti inducendo stati di trance, le dita tracciavano i percorsi mentre si canticchiavano particolari melodie ipnotiche. Tramandato da donna saggia a donna saggia, alla morte dell'ultima proprietaria sono stati deliberatamente distrutti, quindi pochi esempi sopravvivono oggi. Un raro esempio può essere ammirato al Witchcraft Museum a Boscastle, in Cornovaglia.

In Scandinavia i labirinti sono numerosi, soprattutto nelle zone isolate. isole Solovki, nel Mar Bianco. In questi centri rituali le offerte un tempo venivano fatte agli spiriti dei luoghi e alla protezione magica o all'invocazione della guarigione. Molti si trovano sui litorali, dove sono stati portati a spasso prima di prendere il largo, i pescatori li fanno girare per sette volte, come un rituale per invocare protezione contro i venti violenti e per scrollarsi di dosso il maligno che si è attaccato spiriti che potrebbero rovinare la loro pesca. Un labirinto nel sud della Svezia aveva la reputazione di curare le malattie mentali e un'altro era conosciuto ed impiegato da uno sciamano locale prima di intraprendere un percorso di guarigione o di lavoro sull'energia.

Foto: Un antico labirinto di erba svedese.

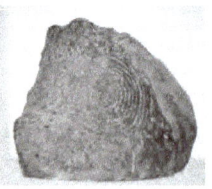

Un segnavia per i pellegrini in Irlanda, un bel labirinto scolpito su un masso, il più grande delle isole britanniche, è stato rinvenuto vicino al sentiero di pellegrinaggio ben battuto, St. Kevin's Road, che collega Hollywood con il centro monastico di Glendalough, nella contea di Wicklow, a sud di Dublino. L'Hollywood La pietra (che si vede nella foto) ora giace abbandonata nel Museo di Dublino.

La chiesa cristiana medievale adottò per un certo periodo il labirinto, utilizzandolo per rappresentare l'idea di pellegrinaggio a Dio e via di salvezza. Il labirinto della cattedrale francese di Chartres è particolarmente famoso. Come altri labirinti cristiani medievali, ha undici circuiti.

Oggigiorno molte tradizioni religiose hanno abbracciato il labirinto come un prezioso strumento spirituale. Qualunque sia il proprio orientamento spirituale, quando si percorre un labirinto si entra in uno spazio sacro e ci si connette all'energia divina. Gli effetti possono essere di potenziamento energetico ed equilibrante sia per il paesaggio locale che per gli individui.

I labirinti stanno tornando in auge e molti di essi sono stati realizzati negli spazi pubblici e le organizzazioni di labirinti che stanno nascendo in vari paesi, compresa una Società Internazionale del Labirinto.

Foto: Un labirinto pubblico a Wesley Hill, vicino a Castlemaine, nel centro di Victoria, presenta i diversi tipi di rocce presenti nella regione.

In America, Alex Champion realizza labirinti fin dagli anni '90 ha partecipato ai raduni della West Coast Dowsers' Society. Egli considera i labirinti come ottimi dispositivi di focalizzazione dell'energia terrestre. Alcune persone, hanno sensazione di vertigini, stanchezza, calore, formicolio e altre sensazioni corporee quando si cammina nel labirinto, o ci si trova al suo interno. I sentimenti importanti possono essere contemplati e la guarigione spirituale facilitata. Effetti di una meditazione camminata attraverso il labirinto può essere utile e portare una grande pace interiore, Champion è entusiasta.

Il gruppo di Faydysh costruiva i propri labirinti con tutto ciò che capitava a portata di mano,pietre, pigne, piccoli rami o altra vegetazione. Hanno compreso che per loro era la proporzione della forma la cosa più importante. Gli effetti più potenti provengono dai labirinti costruiti nei luoghi più sacri del mondo. luoghi di energia in tutto il pianeta.

Il gruppo ha scoperto che le persone che percorrevano i labirinti mentre Lavoravano su problemi personali hanno ottenuto una chiara valutazione o una nuova comprensione dei loro problemi. Inoltre, non appena i labirinti furono costruiti, il tempo sarebbe diventato immediatamente soleggiato, anche se aveva piovuto. Farfalle, uccelli, cani e mucche erano molto attratti, se ne accorsero anche loro. (Altri scrittori dicono che la pioggia iniziò a caduta. Forse tutti hanno ottenuto ciò che speravano).

Energie del labirinto

Il rabdomante irlandese Billy Gawn ha scritto di un labirinto inglese in un parco, vicino a Moulton, nel Northamptonshire, che il consiglio locale aveva costruito con la ghiaia che forma i sentieri. "Ho osservato per la prima volta questo circa due anni fa, poco dopo la sua costruzione, e c'è stata una sorgente cieca a diversi metri di distanza, su un lato. Quando ero di nuovo lì, un anno dopo, la sorgente cieca era vicina al centro del Labirinto", ha detto. ha scritto. "Potrei continuare a fornire molti altri esempi in cui una struttura e non l'intenzione o l'attività dell'uomo ha causato l'interramento dell'acqua sotterranea. deviata in modo che ora si trovi sotto di essa".

Al Congresso Internazionale dei Radiestesisti nel Regno Unito nel 2003, al quale ho partecipato e tenuto una presentazione, Shaun Ogbourne (deceduto nel 2011) ha concordato. "Lo schema del labirinto stesso può attirare l'energia e acqua intorno alla sua posizione. Ma questo accade soprattutto con l'uso effettivo e regolare del labirinto. Quanto più è energico, tanto più bella l'atmosfera che si respira in un labirinto".

Il rabdomante e scienziato Jim Lyons ha anche raccontato al Congresso come Il labirinto della cattedrale di Chartres è stato realizzato in un sito energeticamente neutro. Da allora ha attirato diversi corsi d'acqua sotterranei che fluiscono sotto di esso e ci sono anche anomalie magnetiche e gravitazionali ora che vi si trovano. Questi effetti possono verificarsi sia che il Labirinto sia di rocce basaltiche o di semplice segatura, è stato riscontrato. I gatti amano l'energia dei labirinti, ha riferito.

Non sono i soli a trovare questo fenomeno che attira l'acqua. "Marty Cain, rabdomante e costruttore di labirinti del New England, USA, ha verificato e riscontrato il fenomeno da diversi anni a questa parte", ha riferito Billy Gawn. "Ho sentito anche parlare di questo su internet. I labirinti attirano acqua? A quanto pare".

Creazione e utilizzo del labirinto

Per realizzare un labirinto di piccole pietre, ne occorrono molte di più che per un cerchio di pietre. A seconda della quantità di spazio disponibile, è necessario calcolare la larghezza dei percorsi (un minimo di 300 mm/ 1 ft, se si vuole camminare) e utilizzarlo come unità di base di misura. Tagliare un bastone, un pezzo di legno o di cartone in modo che possa essere utilizzato per misurare e segnare le linee. Rendilo un multiplo di quattro volte la larghezza del percorso per contrassegnare ciascuna di queste unità di misura.

La creazione del labirinto inizia con la posa della croce al centro, poi le quattro pietre "seme" in un quadrato sono disposte intorno ad essa. La croce rappresenta l'Albero della Vita, l'Albero del Mondo.

Dall'ingresso, noto come la Bocca del Labirinto, il percorso si snoda in un'unica direzione sinistra o destra, a seconda dell'orientamento. I percorsi di svolta a sinistra si dice che predominino nell'emisfero settentrionale, per cui quelli destrorsi sono più appropriati nel sud. Il centro si chiama The Goal.

Il diagramma e le foto che seguono mostrano un metodo semplice per facilitare il layout del labirinto classico, con il marito dell'autrice Peter Cowman e sei studenti che realizzano la larghezza di 6 m (6,5 iarde) labirinto di vermiculite in circa un'ora. La larghezza dei suoi percorsi è quella della lunghezza della clip board di Peter, pari a 40 cm (1,3 piedi).

Rituali del labirinto

I rituali all'aria aperta ci portano in stati alterati di coscienza, collegandoci in altre dimensioni, oltre che nei nostri paesaggi interiori. Rafforziamo lo spazio sacro ogni volta che usiamo la nostra pietra speciale. come strumenti per accedere al divino. L'uso regolare mantiene loro e noi ben pronti per l'uso.

Faydysh spiega che il labirinto "non è semplicemente un'opera architettonica ma ... un gadget psicotronico che interagisce attivamente con il pianeta. energie e campi d'informazione, e la psiche e l'energia dell'uomo. persona che ci lavora". Può agire come una "sorta di mediatore tra il mondo sacro e il mondo delle forme incarnate in cui viviamo", ha detto.

Inaugurare per la prima volta un nuovo labirinto, il proprio, personalmente. Si può ideare un rituale d'iniziazione significativo e allineare lo spazio per il suo scopo più divino. Per una cerimonia di questo tipo potremmo impiegare mantra, incenso, simboli del Reiki o segni runici, strumenti musicali per gioco e simili. La creazione di un'atmosfera favorevole durante la notte può comprendere luci soffuse e basse (non fluorescenti), come le candele. (Il fuoco stesso è invocato nei rituali dei Faydysh, quando usano polvere da sparo e ginepro per un'inaugurazione vivace!)

La visualizzazione viene utilizzata per collegare mentalmente un labirinto con i poteri della Terra e del cosmo. Faydysh raccomanda di collocare mentalmente un simbolo di questa connessione - un'immagine dell'Albero del Mondo - all'asse centrale posto nella metà. Egli afferma che il centro del labirinto rappresenta il punto più alto, principio divino, che può essere sintonizzato con le più alte potenze dell'universo, in modo che "cominci a funzionare come un ricevitore-traduttore che irradia energie armoniose".

C'è un interessante parallelo con il rituale aborigeno australiano. Un osservatore bianco ha riferito che al centro del terreno di Tucki Tucki Bora è stato collocato un tronco d'albero capovolto, le cui radici si allargano come un ombrello. Questo potrebbe essere stato usato per i viaggi sciamanici, essendo il centro del terreno di Bora il luogo tipico di una spirale terrestre, un centro di potere del vortice energetico terrestre. Questo punto di forza centrale fornisce un portale che può facilitare i viaggi interdimensionali, mentre l'albero simboleggia la connessione tra Terra e Cosmo.

Un'iniziazione al labirinto suggerita da Faydysh consiste nell'entrare nel all'imboccatura del labirinto lentamente, tenendo in mano un po' di incenso mentre si percorre l'itinerario e cantando qualche mantra ripetitivo (come Aum Mani Padmi Hum) o preghiere. Seguendo il percorso tortuoso verso l'obiettivo centrale, si concentra, immaginando che tutta la negatività dentro di voi si dissolva nel caos primario.

Raggiunta la meta, si può collocare l'incenso e ci si potrebbe concentrare sull "asse infinito dell'Albero del Mondo" che ci collega al Cielo ed alla Terra. Dopo una tale cerimonia di consacrazione Faydysh ha osservato che "un potente flusso di energia sacra si è formata sopra il labirinto".

Quando si lascia la metà, si rinasce simbolicamente, quindi l'attenzione si concentra sulla propria ri-creazione, concentrandosi sulle capacità di chi fa le richiesteste, che desiderava essere risvegliato o rafforzato.
Faydysh ha riferito che, praticando questo rituale "quasi tutti i partecipanti hanno sperimentato un'esperienza creativa molti hanno scoperto talenti che erano nascosti. Altri hanno trovato nuove direzioni per la loro vita ed attività".

Il rituale può essere fatto ogni volta che l'equilibrio o l'armonia mancano, anche quando le energie del paesaggio hanno bisogno di essere armonizzate, diceva, in questo caso ci si concentra su obiettivi ecologici.

Una classica camminata rituale in un labirinto è conosciuta come la Passeggiata della Vita. Si inizia a camminare, si passano in rassegna le tappe della propria vita, con tutti i suoi colpi di scena e le svolte. Mentre si esce, ci si concentra sulle lezioni apprese. Di solito durante una passeggiata nel labirinto si è cupi o riflessivi. Ma può essere altrettanto gratificante essere gioiosi e celebrativi, come si conviene per l'occasione. Soffiare bolle di sapone mentre si cammina, nominare tutte le cose meravigliose della propria vita e la pratica della gratitudine sono alcune delle molte possibilità che si suggeriscono di fare in una passeggiata nel labirinto.

Il nuovo labirinto di vermiculite dell'autore è stato iniziato con forza da tutti coloro che camminavano in una volta sola. Le energie erano davvero in

fermento! In seguito c'è stato un meraviglioso momento di silenzio pacifico, mentre i partecipanti riflettevano sull'attività .

Sempre più spesso i labirinti vengono utilizzati come strumenti psicologici. Come spiega Dan Johnston, Ph.D.: "Un labirinto è un archetipo di simbolo del viaggio della vita. Un simbolo archetipico è quello incorporato nell'umanità, nel corso di una lunga storia evolutiva. Le tre fasi della camminata in un labirinto [sono, fondamentalmente,] il rilascio, l'intuizione e l'integrazione", dice, suggerendo che le passeggiate in un labirinto sono ideale per i rituali di lasciarsi andare, come ad esempio per la notte di Capodanno, o per le fasi mutevoli della vita.

"Una passeggiata molto semplice", continua Johnston, "è quella di liberarsi, ricevere e ringraziare. La prima metà del labirinto viene percorsa con l'intenzione di lasciar andare preoccupazioni e paure. Questo è simboleggiato camminando con il palmo delle mani rivolto verso il basso in un gesto di liberazione. Al al centro del labirinto i palmi delle mani sono rivolti verso l'alto in segno di accoglienza. qualsiasi dono di intuizione e di pace venga offerto. Lasciare il labirinto, i palmi delle mani vengono uniti in un gesto di preghiera e ringraziamento mentre si cammina verso l'uscita", ha detto Johnston, del Medical Centre of Georgia Centrale, in un intervento alla Conferenza della Labyrinth Society di Novembre 2000.

Un rituale per onorare e nutrire la dea interiore può seguire anche il triplice percorso. Inizia con il rilascio dell'energia negativa, mentre si entra, concentrandosi sul lasciare andare le preoccupazioni e svuotare la mente di stress. Si potrebbe invocare una dea particolare, riflettendo sulla sui punti di forza o gli insegnamenti dei suoi miti. Poi, quando si entra nella metà, è bene lasciarsi trasportare dalle intuizioni e dalle illuminazioni, preparandosi per ricevere la saggezza della dea. Siate aperti a ricevere il suo dono. Poi sul cammino verso l'esterno, assimilare nuove intuizioni, pensare di integrarle nella propria vita quotidiana e manifestare energia positiva. Come si lascia l'imboccatura del labirinto, si voltano indietro verso il centro, ringraziando la dea per il suo dono. (Si può invocare anche una divinità maschile).

A titolo cautelativo, Faydysh raccomanda di non attraversare mai un labirinto, perché "questo potrebbe distruggere l'interezza energetica e tutto il lavoro non servirebbe a nulla".

Capitolo 6: Lavorare con le pietre

Foto di Peter Cowman – l'autrice si sintonizza con il tatto a Rock Ages, vicino a Maldon nello stato centrale del Victoria, Australia

Pietre da toccare

Per contattare e liberare i poteri insiti nelle pietre sacre, l'atto di toccarle, di stabilire un contatto fisico, è un prerequisito. Ad esempio, diverse pietre irlandesi monolitiche a forma di dito dell'eroe leggendario Fionn Mac Cumhail (pronunciato MacCool) presentano delle rientranze a forma di dito e si riteneva che conservassero l'essenza del vigore del potente eroe. Per ottenere queste qualità, era pratica tradizionale inserire le dita nelle scanalature in cima alle pietre. (Pietre pilastro simili alle dita si trovano in Germania e in Bretagna).

Un equivalente moderno di questa idea antica è la messa a terra o earthing, in cui si stabilisce un contatto diretto della pelle con il suolo per liberare le cariche elettromagnetiche indesiderate, come l'elettrostatica, e per assorbire le energie vitali della Madre Terra. A livello più semplice, ciò avviene camminando quotidianamente a piedi nudi sulla terra nuda, sulla roccia o sull'erba bagnata. Molte cure sono state ottenute grazie a questa semplice azione, necessaria perché l'uomo moderno tende a isolarsi dalle energie della Terra con le scarpe sintetiche che indossa al giorno d'oggi. L'antica idea della pietra di paragone ha quindi un valore speciale oggi.

Il contatto ci permette di connetterci con lo spirito della Terra e di collegarci profondamente a luoghi speciali. È il punto in cui possiamo introdurci in un sito sacro, quando è meglio non avvicinarsi troppo o troppo velocemente, per paura di disturbare il luogo. Spesso la pietra di da toccare di un sito è un masso naturale che funge da pietra di ancoraggio per i guardiani devici del luogo, che amano controllare i visitatori e valutare le loro intenzioni. In passato, le cerimonie tradizionali si svolgevano senza dubbio presso le pietre da toccare sacre.

Quando l'autrice ha visitato occasionalmente il sito aborigeno di Dreaming chiamato Rock of Ages a Maldon, nel Victoria centrale, una coppia di Spiriti Serpente residenti si avvolge talvolta intorno alla Touchstone (vedi pagine 113, 118 e quarta di copertina). Essi godono dell'apprezzamento di qualsiasi osservatore sensibile, come riferisce il chiaroveggente Billy Arnold.

Una cerimonia moderna, basata sulla tradizione dei nativi americani, è stata filmata alla Pietra della Roccia delle Ere dall'autore (ora nel film Megalithomania), in visita con i veggenti Junitta Vallak e Billy Arnold. Junitta ha depositato offerte di tabacco sacro sopra la pietra mentre ci presentava il luogo, invocando tutti gli spiriti della terra per ottenere il permesso di visitarlo. Con questo inizio rispettoso, abbiamo potuto proseguire la visita in modo meraviglioso e approfondito. Quando siamo andati via, si è tenuta una breve cerimonia alla Pietra da toccare, in cui sono stati fatti i ringraziamenti e ci siamo congedati.

Possiamo imparare e crescere molto dalla saggezza tradizionale, ma spetta a noi sviluppare modi per comunicare con la Terra sacra. I rituali della Terra possono essere semplici. Salutare, chiedere il permesso di entrare in un sito, chiedere intuizioni e ringraziare per quanto ricevuto, ad esempio.

Daniel Johnston descrive il rituale come: "Qualsiasi azione che parli all'anima e all'immaginazione profonda, che abbia o meno effetti pratici... Anche i più piccoli riti dell'esistenza quotidiana sono importanti per l'anima".

Le pietre sacre incarnano il rispettoso ritorno alla natura di cui la nostra società ha bisogno per arricchirsi e ri-incantarsi della terra sacra. Abbiamo bisogno di pietre speciali più che mai nel mondo di oggi e possiamo installarle facilmente nel nostro giardino.

Pietra dell'incanto

Masso umido,
muschiato, fluoro-calcareo
e lichenizzato viola
Sede della saggezza
Solido portale che mi
trasporta ai confini del
sogno.
Trasportandomi
nell'incanto della terra in
cui mi trovo in ascolto
pronta a rinascere
osservando la gloria ed il
Mistero Nutrire l'anima!
Ringrazio e torno,
rinnovata, uscendo.
Toccando la pietra sono
toccata da questo luogo e
dalla sua vera natura -
ultraterrena
Nel luogo di riposo dei
draghi e degli angeli del
paesaggio sono a terra son
le anime dei Koori, dei
proprietari passati,
intorno a me.

La radiestesia del corpo

Sintonizzandoci con il sacro, possiamo usare tutto il nostro essere per fonderci con i poteri e le qualità di un sito, utilizzando la radiestesia corporea o senza strumenti. Il nostro corpo ha strutture simili ad antenne, come le braccia e le mani, che possiamo sviluppare per usarle come dispositivi di radiestesia diretta. Possiamo addestrarle a percepire le energie intrinseche di un luogo o di una pietra sacra e si tratta di una questione di concentrazione sulle nostre intenzioni, oltre che di tecnica.

Anche le nostre ginocchia, i nostri piedi e i nostri occhi hanno un'acuta capacità di percezione. Si tratta semplicemente di chiedere loro di essere aperti a ricevere certe energie e di essere consapevoli delle risposte, come la "reazione a scatto" o il battito delle palpebre. La radiestesia viene naturale quando ci permettiamo di provarla!

Mi è capitato spesso di insegnare la radiestesia con il pendolo in combinazione con la radiestesia senza e ci sono studenti che non riescono a far muovere il pendolo più di tanto. Eppure sentiranno ogni sorta di sensazione (formicolio, calore, ecc.) nei palmi delle mani quando "scansioneranno" con loro le energie. Quindi non hanno bisogno di un pendolo per "leggere" un sito!

Anche la meditazione a occhi chiusi può essere rivelatrice. La mente viene resa una tabula rasa, aperta alle impressioni visive o uditive che si possono ricevere. Le prime impressioni ricevute sono di solito corrette.

Quando la nostra intrinseca capacità di percezione viene attivata, i centri di potere nel paesaggio possono diventare rapidamente evidenti. Possiamo trovare i luoghi speciali, dove la guarigione è facilitata e i veli degli altri mondi sono separati, e connetterci con gioia con le loro energie sacre. Con la sintonia psichica con i luoghi speciali, il nostro spirito può essere nutrito e le nostre capacità extra-sensoriali sviluppate e perfezionate.

A volte possiamo non sapere che un sito sacro è nelle vicinanze, ad esempio durante una passeggiata nel bosco in un territorio sconosciuto. Ma se la nostra consapevolezza è aperta, possiamo ricevere un suggerimento psichico a fermarci e controllare. Io chiamo questo punto Check-In. Da lì, entro in meditazione e chiedo se va bene continuare. Può essere o non essere così! Scoprirlo prima è l'approccio più educato.

*Foto - L'autrice e il marito Peter Cowman
si sintonizzano sulla pietra di Rock of Ages.
Studenti radiestesisti si connettono con le energie della Terra nel grande gruppo di Cerchi di Pietra vicino a Odry, nel nord della Polonia.*

Strumenti per la geomanzia

Le pietre erette di tutte le dimensioni sono spesso utilizzate dagli odierni radiestesisti e geomanti (guaritori della Terra) come "aghi di pietra", per la loro capacità di agopuntura terrestre di creare omeostasi energetica, armonia nel paesaggio.

Litopuntura è il termine usato dallo scrittore e geomante sloveno Marko Pogacnik per il suo lavoro geomantico con la pietra. Pogacnik è anche uno scultore che scolpisce simboli speciali sulle sue pietre litopuntuali, spesso commissionate da varie autorità cittadine europee e inaugurate in occasione di eventi comunitari ufficiali.

In Austria, un team di druidi professionisti che lavora all'eliminazione dei "punti neri" sulle strade per il dipartimento austriaco delle autostrade utilizza le Pillar Stones di quarzo per l'agopuntura terrestre, riducendo notevolmente gli incidenti stradali. Anche le antenne di pietra paramagnetica, note come Torri del Potere "Power Tower", eseguono l'agopuntura terrestre, come l'autrice ha potuto constatare erigendone diverse centinaia in tutta l'Australasia e oltre negli ultimi 20 anni.

Per quanto riguarda i cerchi di pietre, Dave Sanguine del Gruppo Energie della Terra BSD osserva che "ogni pietra di un cerchio può avere effetti di controllo sulle energie terrestri dannose". Anche il suo collega Billy Gawn ritiene che i cerchi di pietre possano avere effetti benefici di vasta portata sull'area locale. Quando Gawn realizza i cerchi di pietre, cerca una sorgente cieca o un punto di attraversamento di una linea d'acqua e lo centra lì, come mezzo per controllarne l'energia. Suggerisce di adattare le dimensioni delle pietre alle dimensioni dell'energia che viene messa a terra. Avverte inoltre che "il posizionamento incauto di oggetti in qualsiasi campo energetico... può causare un'inversione della messa a terra dell'energia dannosa". Quindi anche i cerchi di pietre devono essere tenuti liberi dal disordine!

Jim Lyons ha raccontato al Congresso Internazionale di Radiestesia del 2003 di un cerchio di pietre realizzato dai radiestesisti a Co. Roscommon, in Irlanda, nel 2000. Il cerchio, del diametro di 18 metri, è stato localizzato in modo intuitivo, con le rocce grandi posizionate sugli attraversamenti "disordinati" delle linee d'acqua, mentre le rocce piccole sono state posizionate sugli attraversamenti "perfetti". In seguito "ha liberato l'area dall'energia energia dannosa per circa tre miglia intorno", ha detto.

Shaun Ogbourne ha continuato: "È stato realizzato con l'intenzione di eliminare le energie dannose da un'area più ampia possibile. Più grandi sono le pietre, più grandi sono gli effetti, quindi abbiamo usato pietre fino a due tonnellate di peso! (Si può anche usare un numero maggiore di pietre più piccole). In seguito si è notato che la differenza nella comunità locale è stata di notevole impatto. Molti litigi tra le persone si erano placati".

Dopo aver realizzato il Cerchio a tempo di record, c'era un'altra struttura da realizzare, continua Tony Hathaway. "Si trattava della costruzione di un Dolmen, utilizzando tre montanti e una grande lastra triangolare di pietra. Il Dolmen è stato costruito su una spirale ascendente di energia benefica, utilizzando una pietra angolare per riflettere l'energia in una sfera all'interno della camera. Aveva l'effetto di agire come un trasformatore, che aumentava l'apporto locale di energie terrestri. Tutti coloro che si sono seduti all'interno del Dolmen hanno trovato un'esperienza molto rilassante e pacifica", ha detto.

Pietra Maori in un museo della Nuova Zelanda

Anche se è possibile costruire un cerchio di pietre su un terreno energeticamente neutro, Ogbourne (scomparso nel 2011) ha scoperto che gli effetti migliori si verificano quando si utilizza un sito già energeticamente attivo e si fa un uso regolare del cerchio a livello cerimoniale. Gli effetti energetici sono stati notati già tre mesi dopo la costruzione.

I megaliti da giardino possono essere arricchiti con simboli sacri scolpiti, alcuni dei quali possono avere effetti energetici diretti. Un semplice petroglifo realizzato su una roccia può eliminare le energie dannose da un sito o da una casa, come ha scoperto il ricercatore scozzese David Cowan. L'atto di scalpellare una forma a coppa e anello o a coppa e scanalatura in una roccia invia un campo energetico circolare protettivo. Se fatto in un certo modo (descritto nel suo libro Safe as Houses), ha un effetto di pulizia e di armonizzazione, dice Cowan.

Medicina del cerchio di pietra

Jack Temple, un famoso guaritore rabdomante inglese, ha scritto di un modo del tutto nuovo di utilizzare le energie speciali dei circoli di pietra, nel suo libro Il guaritore. Temple, che si è spento nel 2004 all'età di 87 anni, aveva una certa familiarità con l'idea che le pietre potessero trasmettere energie curative. Spesso nella sua clinica nel Surrey ha polverizzato pietre accuratamente selezionate e ha realizzato compresse e tinture.

Un giorno fu invitato a visitare un cerchio di pietre con gli amici a Gors Fawr. Nelle colline gallesi di Prescelli. Lì ha scoperto forze curative in pietre particolari che lo hanno portato a credere che il sito sia stato usato un tempo come un "ospedale neolitico". Ha potuto percepire la potente energia proveniente dal cerchio a circa 900 m di distanza. Ad ogni pietra era in grado di valutare la sua potenza relativa contando le rotazioni del suo pendolo che oscilla su di esso.

Alcune pietre, ha scoperto, erano in grado di catturare e ridistribuire energie del Sole, della Luna, della Terra e dei pianeti. "Rilasciano le loro e inviano questa energia alla terra intorno a noi, loro. Oggi mi affido ad un distillato a base di erba tagliata dell'area circostante il mio "Cerchio Neolitico" per molti dei miei trattamenti importanti ed efficaci", ha scritto.

Il Tempio ha allestito diversi cerchi moderni del diametro di 16 m (52 ft), composto da 16 pietre attorno a una pietra centrale che assorbe l'energia cosmica. Ognuna delle 16 pietre rappresenta una parte o un aspetto del corpo. Così l'area intorno a ogni pietra produce un rimedio adatto a quella parte del corpo. "Anche i cerchi formati con un raggio di 1,2 m (4 piedi) sono altrettanto efficaci come un cerchio con un raggio di 52 piedi", ha scritto. Un buon modo per assorbire l'energia, ha rilevato Temple, consiste nel far sì che i pazienti spendano regolarmente del tempo rilassandosi all'interno di un cerchio di pietre, o sedendosi su una sedia dentro un piccolo cerchio di pietre.

Per il Tempio, la medicina dei cerchi di pietra divenne l'aspetto più importante. Del suo lavoro di guarigione vibrazionale. Dopo la sua scomparsa, un paio di studenti hanno recuperato e riedificato due dei cerchi di pietre. Ora c'è un'Accademia di radiestesia Jack Temple e un'Associazione Jack Temple di guaritori, ha scritto Barry Witton in BSD's Dowsing Today, giugno 2007.

Effetti indesiderati

Il radiestesista britannico Dave Sanguine mette in guardia dal mettere in piedi una pietra eretta o disporre delle pietre che possono attirare energie indesiderate. Potrebbe accadere che i corsi d'acqua sotterranei possono essere attratti e così passare sotto la vostra casa, se il cerchio è abbastanza vicino a loro. Se l'acqua sotterranea è poco profonda e scorre, potrebbe essere deviata da un vicino ruscello sotterraneo o da una sorgente cieca. Sembra, come è stato osservato, che ci si possa ritrovare con uno stress geopatico (energia nociva) che si ripercuote sulla casa. Lo spazio sacro idealmente non dovrebbe coincidere con lo spazio abitativo.

"Ho ispezionato diversi luoghi in cui sono stato recentemente e i costruttori non hanno preso in considerazione il sottosuolo acqua presente nel sito", ha scritto Gawn. "Ho scoperto, che sotto la maggior parte delle pietre erano presenti piccole colate e che una sorgente cieca o altre sorgenti potrebbero essere individuate dal rabdomante all'interno dell'area del Cerchio".

Non tutti i labirinti vengono bene anche per altri motivi. Ho chiesto a un'amica come si è comportata casa sua per un nuovo labirinto. Era stato realizzato per far camminare sia le persone che i cavalli da corsa. Mi ha sorpreso sapere che non esiste più. "Non ci piaceva l'energia della persona che l'aveva realizzato, né l'energia del labirinto stesso. Così lo abbiamo fatto rimuovere", mi ha spiegato.

Guarigione dei siti

Gli antichi siti megalitici potevano essere venerati per la loro meraviglia, energia curativa per migliaia di anni, ma al giorno d'oggi, purtroppo, molti sono stati danneggiati energeticamente da abusi e profanazioni. Alcuni siti sacri sono stati persino scene di massacro e genocidio. La memoria del trauma di solito rimane bloccata nell'atmosfera, soprattutto nella roccia, e può ancora essere palpabile per le anime sensibili anche a distanza di centinaia di anni. Fortunatamente questo stato può essere cancellato.

A livello più quotidiano, le persone profanano i luoghi sacri in molti modi, spesso senza nemmeno pensare o sapere cosa stanno facendo.
Ci sono minacce da parte di abbandono di rifiuti, vandali senza scrupoli e, a volte, da parte dei visitatori, che utilizzano i siti per cerimonie magiche non salutari. Cera di candela e in alcuni siti sono stati trovati anche resti di animali (Rollright Stones, per esempio). L'atmosfera in un luogo sacro può diventare molto sgradevole dopo un tale abuso.

In generale, le energie dello spazio sacro vengono facilmente contaminate da pensieri, sentimenti e azioni inappropriate delle persone. Al contrario, noi possiamo pulire, purificare ed energizzare anche loro in modo benefico, con le nostre intenzioni consapevoli e amorevoli.

Alcuni siti e composizioni lapidee potrebbero aver bisogno di avere le loro energie, ripulite. Un modo per farlo è ad esempio un gruppo di persone che organizza una cerimonia con pensieri positivi ed intenzioni di guarigione, che prevede la visualizzazione di colori (come ad esempio proiettando il bianco per la purezza, seguito dal verde per l'equilibrio e dalla malva per l'armonia), con suoni armonici di campane, ciotole, gong o didgeridoo.

Anche il canto, la cantilena (l'Om è un ottimo canto di recupero!) e la danza possono essere potenzialmente benefiche per aiutare a ripristinare l'armonia in un luogo.

Foto: Studenti di radiestesia che meditano in un sito megalitico in Svezia. Molti cerchi di pietra svedesi sono in realtà a forma di barca. Questo cerchio di pietre era in disordine fino a quando non è stato riedificato negli anni '30.

Rituali del cerchio di pietra

Il potere e la magia di un cerchio di pietre appena realizzato si sviluppano nel tempo. L'aumento dell'energia sarà evidente non appena un cerchio è stato realizzato e consacrato. Ma questo sarà molto più forte dopo che le persone avranno interagito con esso. Ed Prynn, un eccentrico abitante della Cornovaglia, il costruttore di cerchi di cui parlava Rob Roy, ha avuto centinaia di ospiti che hanno visitato il cerchio di pietre nel suo cortile e si sono deliziati nel toccare ed abbracciare le pietre. "Il potere è arrivato al mio cerchio di pietre per un periodo di tre anni e ora è completamente carica", ha dichiarato. Ed e i suoi amici amano ballare e fare musica nel cerchio. Correre ha anche effetti di miglioramento dell'umore. Correre all'interno del cerchio cinque volte "ti fa sentire al massimo", afferma entusiasta.

Quando Ivan McBeth realizza i suoi cerchi, gli piace allineare le pietre importanti a elementi paesaggistici significativi. Ha scritto di allineare le pietre più grandi. Ad esempio la pietra più grande allineata al punto nord di un cerchio alla Stella Polare. Una piccola cerimonia è stata condotta prima che la pietra venisse posizionata e sotto di essa sono stati seppelliti i doni, come oggetti belli, erbe, pietre e piume. Anche per il sud, sono state fatte le medesime cose, con lo stesso processo rituale.

Alcune pietre sono state allineate alle posizioni del tramonto e dell'alba del sole. Equinozi e solstizi. Allo stesso modo, al Circolo del Cigno, ogni pietra aveva la sua piccola cerimonia, con l'inserimento di doni in ciascuna delle fosse di pietra. Piccole pietre e doni da tutto il mondo erano stati inviati a lui a questo scopo.

Dopo il completamento del Circolo del Cigno, appena in tempo per la festa di mezza estate, solstizio e il Festival di Glastonbury del 1992, venne fatta una fiaccolata prima dell'alba. La processione dei membri dell'Ordine dei Druidi di Glastonbury ha partecipato attivamente nel cerchio per un cerimoniale di benedizione del nuovo spazio sacro.

Ma non è necessario essere un druido per farlo! Credo che i rituali che possiamo creare noi stessi è il più potente di tutti! Quindi dopo che il vostro cerchio è completato, un rituale inaugurale di benedizione può includere questi elementi:

* È necessaria una mentalità ricettiva. Un periodo iniziale di ascolto può essere utile la meditazione.

* Visualizzare il collegamento energetico tra le pietre. Questo potrebbe avere la forma di un'immagine di un anello di energia che circonda e legale insieme. Cantilenare e respirare profondamente nel frattempo è un'ottima cosa!

* Se c'è una pietra d'altare centrale, collegatela al cerchio. anche alle energie divine di sopra e di sotto.

* Le singole pietre possono diventare punti focali per varie energie. Le quattro pietre indicatrici cardinali, ad esempio, possono fungere da portali per connettervi con le energie dei quattro quartieri/direzioni (Nord / Sud / Est / Ovest). Rendete quindi omaggio alle quattro direzioni in ciascuno dei punti cardinali.

* Benedire, dedicare e onorare il vostro cerchio come luogo sacro.

* Camminare ritualmente intorno al cerchio. Nell'emisfero nord è tradizione percorrerla in senso orario, nell'emisfero meridionale è una buona idea in senso antiorario.

* Visualizzate una cupola di protezione, una sfera avvolgente di una bella luce colorata che scorre intorno a voi e al cerchio.

* Concludete il vostro rituale con un'offerta d'amore e di ringraziamento, dicendo grazie alle pietre, agli spiriti del luogo, alle divinità e al cosmo.

È frequente che uno spirito della natura voglia trasferirsi e rimanere di stanza all'interno del vostro Cerchio. Questo può essere una grande benedizione, soprattutto se ci interessa instaurare un buon rapporto con esso, chiedendo il permesso prima di entrare, inviando sentimenti di amore e ringraziamento.

Anche un piccolo regalo può essere utile. Un piccolo pezzo di verde o un fiore, come è tradizione nella regione del Pacifico, o magari una piccola pietra. Riconoscendo e onorando i deva, migliorerete enormemente il potere e i buoni sentimenti di un sito.

Foto: Con le orbite tutt'intorno, gli studenti si sintonizzano sui cerchi di pietra di Odry, nel nord della Polonia, uno dei gruppi di circoli più grandi d'Europa. A terra c'era un altare di fortuna. in basso a destra: un mucchio di offerte. Un altro cerchio nelle vicinanze è visibile nella foto successiva.

La danza e la musica gioiosa possono essere altrettanto appropriate per il vostro rituale del cerchio, così come la meditazione solenne. I suoni delle ciotole tibetane e delle campane, gong o didjeridoo, le armonie vocali e il canto accentueranno anche le energie ed esperienze. Lo spazio del cerchio deve essere mantenuto pulito, con l'uso regolare del rituale, l'energia del cerchio continuerà ad espandersi, crescere e crescere, a beneficio di aree sempre più ampie.

Una meditazione camminando in un cerchio di pietre può portarvi nel Tempo del Sogno se siete aperti e pronti a riceverla. È un luogo di magia, di profondità, connessione con la natura, uno spazio di guarigione dove poter essere veramente tutto, all'interno di un tempio multidimensionale.

Se avete intenzione di lasciare l'area, ed anche il vostro cerchio di pietre potrebbe essere necessario dismetterlo. Prima di rimuoverlo fisicamente, si potrebbe creare una piccola cerimonia di ringraziamento e di saluto, proiettando l'intenzione di disattivarlo. Assicuratevi che tutti i portali energetici siano chiusi e sigillati, come ritenuto opportuno (tutte queste pratiche, di solito si determinano con la rabdomanzia, radiestesia).

Siti sacri oggi

I luoghi sacri di un tempo fungevano spesso da punti di agopuntura della Terra, permettendo la regolazione dell'omeostasi planetaria. La maggior parte di questi siti antichi oggi sono in rovina o fuori dai limiti per i comuni cittadini, quindi sono inaccessibili. Ma possiamo ricreare il sacro!

Possiamo creare dei centri per il rituale della Terra nel paesaggio e nei nostri cortili, giardini, che rappresentano un buon punto di partenza. Qui il senso del sacro può essere generato. Possiamo andare lì con l'umile stato di meraviglia per la magia e il potere della natura e onorare la rete della vita che sostiene tutti noi.

Tutte le forme di inquinamento dovrebbero essere evitate nei nostri luoghi sacri, soprattutto quelle invisibili! I nostri pensieri e sentimenti sono così potenti che idealmente non dovremmo mai pronunciare parole di rabbia in quei luoghi. La generazione di energia armoniosa dovrebbe essere di primaria importanza!

Dobbiamo anche assicurarci che il ferro e la maggior parte degli altri metalli non vengano collocati nei nostri luoghi sacri. Le fate e gli altri deva tradizionalmente li detestano per una buona ragione: i metalli disturbano i flussi energetici naturali e sottili, come le linee geodetiche (ad esempio la linea dei draghi). Allo stesso modo, nessun inquinamento elettromagnetico deve interferire con un sito in modo ideale. Ad esempio, le torri di telefonia mobile o Internet senza fili

(Wi-Fi). L'elettroSmog è un problema serio nella società odierna e annulla facilmente le energie positive dei siti.

L'autrice ha scoperto che il paesaggio collinare di un sito sacro aborigeno soffriva in un campo elettromagnetico elevato, nella sua proprietà nel Victoria centrale. Anche gli esseri umani sensibili stavano reagendo negativamente!

Alcuni messaggi accorati ai vicini hanno avuto successo. Sono stati in grado di abbassare le impostazioni dei telefoni cordless e dei dispositivi wireless, (a circa 100 metri di distanza) e l'elettroSmog è sceso a livelli accettabili. Anche i deva erano molto riconoscenti!

In altre parti del mondo (America e Svezia, per esempio), le persone possono posizionare dispositivi di riduzione delle radiazioni alla base del telefono cellulare, oppure torri per aiutare la natura e i deva a far fronte all'evoluzione tecnologica. (si veda il film dell'autore Helping the Devas, di cui è disponibile una breve versione su YouTube).

La sintonizzazione con il sacro non deve essere fatta in un luogo particolare, ma quando creiamo degli spazi speciali con le pietre, oppure progettiamo un tempio paesaggistico in miniatura, questi possono sviluppare un'energia favolosa ed essere piacevoli da visitare.

A questo scopo, le rocce energetiche le forme possono fornire caratteristiche significative, nonché una capacità duratura di ancorare lo spazio sacro a noi ed alla natura.

Foto: Billy Gawn e l'Holestone dell'Età del Bronzo (noto anche come Marriage Stone o Lovestone), vicino a Doagh, nella contea irlandese di Antrim. A partire dal XVIII secolo giovani coppie si sono scambiate le promesse di matrimonio o si sono giurate amore eterno lì, la ragazza inserisce la mano attraverso il foro di 8 cm (3 in) nella pietra larga 10 cm e stringe la mano del ragazzo. Alcune persone del luogo lo fanno ancora, prima o dopo la loro cerimonia nuziale ufficiale. Altre pietre forate avevano la reputazione di essere dei portali in cui guardando attraverso il buco, si potevano ottenere delle visioni ultraterrene dei regni fatati.

Riferimenti

Atkinson, Robert, "Il culto dei costruttori di cerchi", 1909, via The Ley Hunter magazine n. 26 e 27, 1971.

Bednarik, Robert G, "Cupole - la più antica arte rupestre sopravvissuta", Federazione internazionale delle organizzazioni di arte rupestre, Australia.

Bird, Christopher, "Divining", MacDonald & Jane's, Regno Unito, 1979.

Bord, Janet & Colin, "The Secret Country", Granada, 1976, Regno Unito.

BSD EEG (British Society of Dowsers Earth Energy Group) "Enciclopedia dei termini adatti a chi studia le energie della Terra attraverso la radiestesia", editore Billy Gawn, Regno Unito, 2000.

Cairns, Hugh e Bill Yudumduma Harney, "Dark Sparklers", autopubblicato, 2003, rev. 2004.

Comerford, Keiran, "Newgrange e le nuove scienze", CTM Books, Irlanda, 2011.

Cook, Michael, "La radiestesia oggi" (BSD Journal), vol. 40 n. 290, dicembre 2005.

Cowan, David & Girdlestone, Rodney, "Sicuri come case?", Gateway Books, Regno Unito, 1996.

Cowan, David & Anne Silk, "Ancient Energies of the Earth", Thorsons, Regno Unito, 1999.

Deveraux, Paul, "I luoghi del potere", Blandford, Regno Unito, 1990.

Deveraux, Paul, "Stone Age Soundtracks", Vega UK, 2001.

Dorst, Henry, "Alcune esperienze di radiestesia tra gli indigeni del Canada", Società britannica dei radiestesisti, newsletter del Gruppo Energie della Terra, marzo 2001.

Evans-Wenz, WY, "The Fairy Faith in Celtic Countries", Citadel Press, USA, 1994 (originale - 1911).

Flood, Josephine, "Rock Art of the Dreamtime", Angus & Robertson, 1997.

Fox, Selene, rivista Circle, USA, dicembre 2004.

Frances, Evelyn, "Avebury", Wooden Books, Galles, 2000.

Gawn, Billy, "Black Chicken, White Egg", Società britannica dei radiestesisti, newsletter del Gruppo Energie della Terra (online), 2001.

Gawn, Billy, "Strutture megalitiche: Why?", autoprodotto, Regno Unito, 2002.

Graves, Tom, "Dowsing", Turnstone books, Regno Unito, 1976.

Graves, Tom, "Aghi di pietra", Turnstone, Regno Unito, 1978.

Graves, Tom, "Elements of Pendulum Dowsing", Tetradian Books, Regno Unito, 2008.

Haigh, Mike, "New Insights into Rock Art", da Northern Earth n. 65, adattato da "Making Sense of Prehistoric Art", Richard Bradley, British Archaeology, novembre 1995.

Harbison, Peter, "Pilgrimage in Ireland", Barrie & Jenkins, Londra, 1991.

Hathway, Tony, "Costruire un nuovo cerchio di pietre", Società britannica dei radiestesisti, newsletter del Gruppo Energie della Terra (online) 2002.

Hunt, Robert, "Cornish Fairies", Tor Mark, Cornovaglia (originale - 1865), Regno Unito, 2004.

Scoperta la mappa delle stelle dell'era glaciale", BBC News, 9/8/2000. Lisle, Harvey, "Stone Circles and Medicine Wheels", American Society of Dowsers Journal, autunno 1988.

Lisle, Harvey, "Le polveri di roccia ravvivate", Acres USA, 1994.

Michell, John, "I segreti delle pietre", Inner Traditions International, USA, 1989.

Moore, Alanna, "Divining Earth Spirit", seconda edizione, Python Press, Australia, 2004.

Moore, Alanna, "Stone Age Farming", Python Press, Australia, 2001.

Mullis, Diana, "West Country Fairies", Bossiney Books, Cornovaglia, Regno Unito, 2005.

Norris, Ray P., Norris, Cilla, Hamacher, Duane W., Abrahams, Reg, 'Wurdi Youang: an Australian Aboriginal stone arrangement with possible solar indications', bozza di documento online, agosto 2011.

Ober, Clinton, "Earthing - la più importante scoperta sulla salute mai fatta?". Basic Health Publications, USA, 2010.

Pennick, Nigel, "The Ancient Science of Geomancy", Thames & Hudson, Regno Unito, 1979.

Pennick, Nigel, "Celtic Sacred Landscapes", Thames & Hudson, 1996.

Poyner, Michael, "Pi in the Sky - A Revelation of the Ancient Celtic Wisdom Tradition", The Collins Press, Irlanda, 1997.

Purce, Jill, "La spirale mistica - Viaggio dell'anima", Thames & Hudson, 1974, Regno Unito.

Ring, Ken, 'How to Make a Stone Circle - Southern Hemisphere', Milton Press, Auckland, NZ, 2001. Sito web - www.predictweather.com

Roy, Rob, "Cerchi di pietra: A Modern Builder's Guide to the Megalithic Revival", Chelsea Green, USA, 1999.
Screeton, Paul, "Quicksilver Heritage", Abacus, Regno Unito, 1974.

Firma del cielo nella roccia", in The Hindu, 19-04-06, via Society of Leyhunters Newsletter, maggio 2006.

Steele, J.G. "Aboriginal Pathways in southeast Queensland and the

Richmond River", University of Queensland Press, Australia, 1984.

Temple, Jack, "Il guaritore - la straordinaria storia di Jack Temple", Findhorn Press, Regno Unito, 1998.
Underwood, Guy, Pattern of the Past, Abacus, Regno Unito, 1972.

Versluis, Arthur, "Gli elementi delle tradizioni dei nativi americani", Element, 1993.

Wakeman, William F., "Handbook of Irish Antiquities", Bracken Books, Londra 1891, 1995.

Westbury, Virginia, "Labirinti - Antichi sentieri di saggezza e pace", Lansdowne Press, Regno Unito, 2001.

Zuchelli, Christine, "Stones of Adoration", Collins Press, Irlanda, 2007.

Alanna Moore

è una geobiologa, radiestesista professionista, co-fondatrice della Società di Radiestesia del NSW (Nuovo Galles del Sud) a Sydney, Australia. 1984. E' una permacultrice, amante del giardinaggio, insegnante di permacultura, avendo ottenuto 3 diplomi con Bill Mollison all'inizio degli anni 1990. E' specializzata nel combinare la parte esoterica e pratica in un unica maniera, grazie a 40 anni di esperienza. *Foto di Suzy Keyes.*

www.geomantica.com
Il sito di Alanna Moore, dove ordinare Libri, Films, Pendoli, Servizi e consulenze.

Python Press libri di Alanna Moore

Permacultura Sensitiva - coltivare la via della Terra sacra

di Alanna Moore, 2009. Tradotto in italiano 2021.

Questo libro esplora le energie vive della terra e come connettersi sensibilmente con esse attraverso il giardinaggio. Positivo e gioioso, si ispira alle tradizioni indigene dell'Australasia, dell'Irlanda e di altri paesi, combinando le intuizioni della geomanzia e della geobiologia con il design della permacultura eco-smart, per offrire un'esperienza di vita e di benessere. Nuovo ed entusiasmante paradigma di vita sostenibile.

Cosa è stato detto di questo libro:

"Una delizia da leggere"
"Lei rende la permacultura così facile e viva"

"Difficile da mettere giù"
Associazione per la Permacultura di Tasmania

"Una guida molto pratica e ponderata per il giardiniere eco-spirituale, portare la consapevolezza delle dimensioni invisibili del nostro paesaggio".
   Rainbow News, Nuova Zelanda

"Un'avventura nella consapevolezza magica e pratica della Terra"
   rivista Nexus

"I disegni degli indigeni Australiani, Irlandesi, e di altri posti, esplorano la terra e le loro tradizioni, basate sulla spiritualità e la natura, mentre offrono dettagli utili al giardiniere eco spirituale"

www.geomantica.com e www.elettro-coltura.com

Risorse in Italia

Società Italiana di Radionica e Radiestesia
Via Pierluigi Nervi 64, Campagnano di Roma, RM 00063.
Contatti: www.radionica.it   previdi.alessandra@gmail.com

Collaborazione tra Alanna Moore e Andrea Donnoli, Geomantica ed ElettroColtura

Negli anni scorsi, attirati come magneti per i comuni interessi, abbiamo iniziato una collaborazione continua tra Geomantica, ed ElettroColtura, ampliando le nostre reciproche conoscenze.

In aggiunta abbiamo iniziato dei workshop in estate di PermaCultura Sensitiva, poiché questo è stato un primo pilastro, un libro altamente evolutivo, tradotto finalmente in Italiano, grazie a Valentina Ghione in particolare.

Il primo workshop del 2022 ha permesso a svariate persone di ricevere l'educazione, la giusta sensibilità, applicando le tecniche di radiestesia, di geobiologia, geomanzia, ci siamo connessi con un mondo di altre dimensioni, imparando a progettare i giardini del futuro. Isole energetiche, rigenerative, per tutte le forme di vita: piante, animali, essere umano.

I percorsi di permacultura ed il design combinato con le tecniche di Permacultura Sensitiva, ed ElettroColtura, possono facilitare la rigenerazione dell'ecosistema, sviluppando un nuovo tipo di ambiente altamente produttivo, resiliente e soprattutto catalizzare la connessione con la natura.

Il rispetto, chiedere il consenso, lavorare in armonia, sono elementi importantissimi nei nostri progetti, spesso ce ne dimentichiamo ed osserviamo poco, ma i feedback sono sempre a portata di mano e sotto i nostri occhi. Alanna ci insegna a valutare con attenzione, con estrema sensibilità i vari elementi, con un particolare riguardo per gli spiriti del luogo.

Oggi abbiamo ritenuto molto importante tradurre un nuovo libro, legato al potere magnetico, curativo ed evolutivo delle pietre, Touchstones for Today/Rocce Energetiche Oggi, incorpora moltissimi dettagli, segreti, che spesso ho cercato di raccontare nei miei viaggi in Sardegna. In piccolo non ho viaggiato così come Alanna tra Australia, Irlanda e tutto il resto del mondo, ma nel mio microcosmo ho trovato spesso tante risposte in sintonia, nel suo libro, e nei suoi testi.

Uno specchio, molte conferme di quello che ho sentito con il mio corpo, o con i colloqui con le persone di luoghi magici, come i pozzi sacri, le tombe dei giganti, i menhir, le domus, i dolmen, o i fantastici cerchi di pietra, l'energia dei nuraghi.

L'evoluzione personale, attraverso Madre Natura e le meraviglie della Terra Sacra, sono una strada fondamentale per la nostra crescita e devo ringraziare Alanna per la sua modalità di raccontare, di insegnare ad un pubblico sensibile questo approccio. Le nostre collaborazioni, e la grande voglia di condividere continuano, così abbiamo anche deciso di portare su piattaforma digitale i film realizzati da Alanna nella sua carriera, che sono di estrema utilità, per la comprensione dei fenomeni energetici, sia dei siti megalitici, che delle culture alla ricerca di spiritualità e di connessione con energie primordiali della Madre Terra Sacra.

Troverete a breve i film / documentari girati da Alanna Moore, nei luoghi magici, per proseguire un cammino di comprensione e messa in pratica di antiche e moderne tecniche di arte evolutiva.

Per seguire le nostre novità consultate i siti di riferimento:

www.geomantica.com www.elettro-coltura.com

www.ingramcontent.com/pod-product-compliance
Lightning Source LLC
Chambersburg PA
CBHW040742020526
44107CB00084B/2844